RESPETO ES AMOR

Del Abuso a la Sanidad

FREDY A MORALES & YASMIN BALI

RESPETO ES AMOR - DEL ABUSO A LA SANIDAD

La presente obra, está protegida por derechos de autor. No está permitido extraer de la misma, o distribuirla por ningún medio de reproducción, comunicación, o transformación, ya sea electrónico, fotocopiado, en audio, video, imágenes, o de cualquier otra índole y por ningún motivo, sin autorización previa por escrito por parte de la editorial o los autores. Está expresamente tipificado por las leyes locales y mundiales. Evite ser sancionado, incluso bajo pena de pérdida de su libertad, o ser sometido al pago de indemnizaciones por la violación de estos derechos de autor.

Copyright © 2022 Libro Respeto es Amor – Del Abuso a la Sanidad
Todos los derechos reservados por: Fredy Morales & Yasmin Bali
Libro inteligente
ISBN: 9798426455214
ASIN: B09TRDSHVS
Categorías: Abuso doméstico · Lecturas cristianas · Autoayuda · Autobiografía
Diseño/edición/maquetado/publicación:
Bali Editorial LLC
Boston Massachusetts, USA

LINKTR.EE-REDES Y CONTACTO DE LOS AUTORES

FREDY A MORALES - YASMIN BALI

DEDICATORIA

Dedico esta obra a Dios, a la familia y especialmente a la mujer.
Fredy A. Morales

Es para Ti.
Gracias por no haber renunciado a mí, a pesar de todo, y aún a pesar de mí.
Gracias porque tu amor por mí, no se rinde.
¡Te estoy abrazando, mi amado Señor Jesucristo!
Yasmin Bali

RESPETO ES AMOR - DEL ABUSO A LA SANIDAD

Tabla de contenido

PRÓLOGO *5*
INTRODUCCIÓN *6*
SUFRIMIENTO POR ABUSO *9*
ATROPELLADA POR UN CAMIÓN.......................... *18*
EL TRATO DEL SILENCIO *20*
DIVORCIO EMOCIONAL.. *23*
EL MIEDO A ESTAR SOLO *24*
PERCEPCIÓN DE LA SOLEDAD............................. *27*
RESPIRABA POR MI ÍDOLO................................... *30*
CUANDO IDEALIZAMOS *32*
UNA MONTAÑA RUSA DE TERROR...................... *46*
HAY QUE RECONOCER EL PROBLEMA................. *50*
VOLVIENDO UN POCO AL PASADO...................... *57*
¡TOMA TU LECHO Y ANDA! *63*
UNA CAJITA DE REGALO SELLADA *67*
AL SANAR, TU IDENTIDAD FLORECERÁ *76*
DEL ABUSO A LA SANIDAD.................................. *81*
TOMA LA DECISIÓN *83*
CONSEJO PASTORAL *89*

PRÓLOGO

Respeto es Amor, relata uno de los grandes problemas que la humanidad enfrenta, el abuso doméstico. El cual ha crecido de tal manera que se ha convertido en un caos, haciendo que la mujer lleve la peor parte. Este libro resalta que una dama merece ser tratada con dignidad y respeto. Se necesita hablar de este tópico, para que detengamos el maltrato hacia ella.

El objetivo de los escritores es, salvaguardar la integridad de la mujer y la familia. Todos merecemos vivir en paz, en un ambiente de seguridad. Enfatizan que, para erradicar el problema del abuso doméstico, es imperante conocer a Dios y sus principios, los cuales nos enseñan a llevar una vida con amor. También, hacen hincapié, en buscar ayuda profesional y espiritual, para ser orientados correctamente. La meta es aprender a no permitir que nos abusen, y a la misma vez, aprender a no ser abusadores de otros. De ahí viene, "Del Abuso a la Sanidad".

Para tomar conciencia de este mal, se le recomienda leer este libro en su totalidad. Las historias son basadas en la vida real. En ellas podremos ver las fuertes secuelas que una relación abusiva, les dejó a varias mujeres, incluyendo a la autora.

Si acudimos a Dios, ¡Él nos socorre! Por fe, este libro, será de gran ayuda para hombres y mujeres. Hemos orado y suplicado al Señor, para que así sea.

Pastor, Fredy A. Morales
Director de Bali Editorial LLC

INTRODUCCIÓN

Por: Yasmin Bali

Al hablar del abuso, enfrentamos la presión popular de callar y respetar el derecho a la confidencialidad de la persona que nos ha abusado. Recuerdo las palabras de Kate del Castillo acerca de su propia experiencia de abuso doméstico. Ella decía que por ningún motivo una mujer debería permitir ser rota por un abusador, y tampoco disculparse por ser una mujer.

Yo, personalmente, siento como si por hablar, nosotras viniéramos a ser las culpables, "las vengativas".

Algunas personas podrán decir que el amor cubre multitud de faltas y que, por ese motivo, no se deben escribir libros como este. En cambio, quiero decirles que lo que yo he escrito en él, ha sido por amor. Por amor a mis hijas, a mis nietas y a todas las mujeres especiales y muy amadas en mi vida.

Luego, también por amor a todos aquellos hombres que forman parte de mi familia y aquellos que son sinceros discípulos de Cristo, y que quieren caminar en amor. A todos, les recuerdo que el respeto es amor.

En algunas páginas de este libro, he incluido fragmentos de una carta que escribí para mí misma, hace 10 años. La misma está basada en el evento de abuso que me tocó vivir hace 20 años.

La introducción y la narrativa del libro, fue escrita por mí. El prólogo y el consejo pastoral, fue escrito por mi amado esposo, quien es, y has sido un instrumento eficaz en las manos de Dios, para ayudarme a olvidar el abuso y abrazar la sanidad.

Quisiéramos que este libro, presente la oportunidad de

observar y reflexionar sobre la conducta de las víctimas de abuso y sus abusadores. Quizá alguien pueda verse reflejado aquí, y logre romper los cerrojos para escapar del ciclo maldito de los abusos.

Este es un libro inteligente. Te compartimos los enlaces para que puedas visitar nuestras redes sociales y comunicarte con nuestro ministerio, si así lo deseas. También hemos agregado códigos QR con alabanzas a Dios y el video de Kate Del Castillo (Solo para referencia).

¡Además, a través de los enlaces y códigos QR, podrás informarte de transmisiones en vivo y también contactarnos, para hablar con nosotros directamente!

¡Ahora sí! ¡Vámonos! ¡Te invito a conocer mi historia!

Kate Del Castillo
Testimonio de abuso

https://espanol.thehotline.org/
AYUDA PARA VÍCTIMAS DE VIOLENCIA DOMÉSTICA

CARTA ESCRITA EN EL AÑO 2011 (Parte 1)

_ ¿Recuerdas la noche aquella del primero de enero? ¿Cómo la vamos a olvidar? ¡Si esa noche te tocó vivir una de tus peores pesadillas! Cuanto lo siento. Te amo.

Yo sé que tú me necesitabas. Fue uno de los días más duros de tu vida. Hubiera querido poder ayudarte. Lo siento. No pude. ¡Por favor Perdóname! Pensé que esa noche tú ibas a morir. ¡Yo sé que tú fuiste muy... muy valiente!

Clamaste a tu Dios, y Él vino en tu socorro. Prontamente, Él respondió a tu clamor, a tu grito. Eran ángeles los que te envió. ¿Te acuerdas mi niña? ¡Estabas espantada... aterrorizada! Pero no lo demostrabas. ¡Temías por tu vida, y dentro de ti, clamabas a tu Dios! ¡Clamabas a tu Padre!

Entonces a ti te tocó hacer el papel protagónico en aquella escena, y desde ese día, convertiste tu imagen de víctima en la de "heroína" de tu propia historia. Ese estatus de autopreservación de tu dignidad te duró hasta recientemente.

Te tocó quedarte allí enfrentando a tu verdugo. Pero lo que más te dolía es que él, que debió haber sido quien te protegiera, te cuidara y te amara, se había transformado en un ser infernal.

FREDY A MORALES - YASMIN BALI

SUFRIMIENTO POR ABUSO

Como sabemos, la vida está llena de grandes pruebas, que no son necesariamente causadas por nuestra pareja. Es una gran bendición tener compañía para sobrellevar las tempestades. Si la pareja decide hacer frente a los desafíos y el dolor en unidad, estarán trabajando en equipo para crear fuertes lazos en su relación. A eso le podríamos llamar, amor, y es totalmente válido soportar esa clase de sufrimiento.

En cambio, cuando las situaciones dolorosas que llegan a tu vida son causadas, originadas, infringidas y ocasionadas por tu pareja, a eso se le llama abuso. Nada justifica el abuso y no debe ser tolerado. Lo que se tolera, se perpetúa. Eso explica por qué, a muchas personas se les va la vida entera, soportando cosas que nunca se debieron permitir.

Es comprensible que no siempre será sencillo salir de una relación abusiva; pero quedarnos pasivamente en el sufrimiento, y no tratar de salir de ahí, no va a hacer que las cosas cambien. Pero todo comienza en el amor y respeto propio, y sin Dios en nuestras vidas, no habrá una comprensión clara de nuestro valor.

La Cristo-estima, nos ayuda a valorarnos y a reconocer que Dios nos hizo seres muy especiales, criaturas hechas con amor, a su imagen y semejanza, tanto hombres como mujeres. Pero el enfoque de este libro es para la mujer, aquella que necesita encontrar su estima en lo que dice la Palabra de Dios acerca de ella. El sacrificio de Cristo en la cruz del calvario nos heredó identidad. Somos **hijos e hijas de Dios, príncipes y princesas, real sacerdocio en un reino sacerdotal** para el Eterno Dios, Todopoderoso.

Texto bíblico: (_Mas a todos los que le recibieron, a los que creen en su nombre, les dio potestad de ser hechos hijos de Dios"- Juan 1:12- Biblia Reina Valera 1960)

Texto bíblico: (_Mas vosotros sois linaje escogido, real sacerdocio- 1ra Pedro 2:9-Biblia-Reina Valera 1960)

Texto bíblico: (_y nos hizo reyes y sacerdotes para Dios, su Padre...- Apocalipsis 1:6-Biblia Reina Valera 1960)

La Cristo-estima es superior a la autoestima. La segunda es la que enseña la psicología. No es malo amarse a sí mismo y tener estima propia. Pero el amor humano que puedes llegar a desarrollar para amar a tu propia persona, no es suficiente para derribar con eficacia, todas las descalificaciones que te impone el mundo.

Necesitamos vernos en la Cristo-estima, para poder superar las presiones y dolores que se experimentan en la tierra. Si no encontramos nuestro valor en la Cristo-estima, vamos a ser aplastados por la corriente del mundo, que les enseña a las mujeres que su belleza está basada en hacerse un montón de cambios externos. Algunas se exponen al peligro de morir o de quedar lisiadas, todo por tener una cierta apariencia o una figura escultural idealizada. Influenciadas por personas, que solo observan lo de afuera y que no le dan valor a lo que conforma nuestro ser interior, que es donde está el verdadero tesoro, terminan siendo víctimas de un sistema vacío, sin Dios.

Recordemos que la psicología, puede ser buena para tratar los síntomas, pero la enfermedad profunda de la humanidad, no la puede curar. Solamente Cristo puede sanar el interior del ser humano. La psicología limpia las telas arañas, Pero la Palabra de Dios, ¡mata a las arañas!

Sé tú misma

No caigas en la debilidad de competir con otras mujeres. Por muy atractiva que pueda ser una mujer, siempre aparecerá otra más atractiva o quizá más joven. Sé tú misma. Recuerda que tu valor está en la Cristo-estima. Vales el precio de la sangre de Cristo y tu identidad está en Él. Tu meta no es competir con el mundo y su vanidad. ¡Tú tienes el hermoso y gran propósito de reflejar la gloria de Dios! Si el hombre que está en tu vida no puede admirar tan hermosos atributos que tú tienes, entonces estás en la compañía equivocada.

CONTINUACIÓN DE LA CARTA (Parte 2)

"Tú nunca pensaste que él pudiera comportarse así contigo; al fin y al cabo, tú eras la "única dueña" de su corazón. ¿No era así? O por lo menos ¡eso creíste! ¿Cuánto lo amaste princesa? ¡Cuánto lo amaste! Quizá más de lo que se merecía, pienso yo.

¡Yo lo sé! Te tocó sola, Pero allí estaba tu Dios. ¿Te acuerdas? Sí, yo sé que fuiste despojada de tus finas y exclusivas vestiduras de alcoba, (fueron un regalo de tu madre). Estabas de rodillas hermosa princesa y orabas a tu Dios. Vivías la etapa de amores con tu Padre Dios, más hermosa de tu vida; Pero a él no le gustaba eso, y menospreciaba tu tierna comunión con tu Dios.

Era fría, muy fría la noche. Lo supiste porque él, el varón más "honrado" por ti, abrió las ventanas de tu morada y la helada brisa de ese invierno agresivo, la corriente de la mezcla de nieve y presagio de tortura, se plasmaron en tu cuerpo despojado de tus ropas; aun de la más íntima prenda. Él las arrancó de tu cuerpo, y lo único que te ayudaba a recobrar un poco de tu dignidad, era un pequeño cojín que abrazabas como lo hacía Eva. Ella se cubría con una hoja de higuera, y tú al igual que ella, tratabas casi inútilmente de cubrir tu vergüenza. ¡Sí! ¡Vergüenza! Sentiste vergüenza. Todas las luces fueron encendidas en el más despiadado acto de humillación para que los de afuera te vieran."

ABUSO SEXUAL

Como objeto de su posesión

Bueno, físicamente, quedé desnuda. Porque en aquel evento que me tocó vivir hace veinte años, quien era mi pareja, me despojó de mi ropa, como un acto de presión para que yo hiciera lo que él quería en aquel momento.

Yo estaba teniendo un tiempo de oración con Dios, porque estaba sola en la casa con los niños, como se había vuelto usual en esa etapa.

Él llegó y me encontró de rodillas en el mueble de la sala, orando. Llegó exigiendo. Quería que yo fuera con él, a la habitación para tener relaciones sexuales de inmediato, y al yo decirle que me diera tiempo porque estaba orando, él se airó y me agredió. Trató de presionarme para que abandonara ese tiempo de comunión, para atenderlo a él.

RESPETO ES AMOR - DEL ABUSO A LA SANIDAD

Cabe mencionar que, en esos días él había estado diciendo a las personas de nuestro círculo íntimo, que él nunca me había amado. También me había humillado gritándome insultos y diciendo ante las personas de la iglesia; quienes eran mi único apoyo, que yo era una hipócrita y que no era una cristiana sincera. Y para exigir que fuera a la habitación con él, se dirigió a mí con un tono autoritario y grosero, diciéndome que yo tenía que abrir mis piernas para él, porque él me daba de comer (realmente usó un término más vulgar y con malas palabras).

Por supuesto que yo no iba a abandonar un tiempo tan sublime con mi Padre Dios, para ir con un ser tan falto de respeto e inhumano. Obviamente, mi prioridad debía ser Dios, pues en Él, yo encontraba consuelo, ternura y fidelidad. Mi deber como hija Suya, era el de comenzar a darme valor y hacerme respetar. Pero la verdad, yo no sabía cómo, y estaba literalmente enjaulada.

Comenzó a arrancar mi ropa de una manera muy violenta y marcó mi piel. Me lastimó bastante. Literalmente me arrancó la ropa. Algunas piezas se rompieron, otras no; por lo tanto, no tuvo más opción que sacarlas de la manera correcta, como la pieza debía sacarse. Pero en el proceso me rasguñó la piel y quedé con marcas de múltiples moretones que se desvanecieron varias semanas después.

Cada vez que recordaba ese momento, mi corazón dolía, porque siempre lo trataba con respeto, y en esa ocasión, yo solamente oraba. No me dirigí a él, con palabras groseras. Sino con respeto y con mucho tacto. Nunca tuvo motivo para que aumentara su descontento, hasta el nivel de agresividad que esa noche manifestó.

Límites saludables

Te estarás preguntando por qué lo permití. Es que, en realidad, yo no sabía poner límites saludables. No entendía hasta dónde se debía tolerar o hasta donde era adecuado ser paciente, y tener una actitud de dar una segunda oportunidad. Por ese motivo, la situación abusiva se fue magnificando y fue creciendo en intensidad. Llegó al punto en que aquella persona me agredió físicamente. Quitó mi ropa, en contra de mi voluntad.

Yo estaba arrodillada en un rincón de la sala de la casa. Ahí derramaba mi corazón delante de mi Padre Dios. Pedí ayuda a Dios. Clamé al Señor. Le suplicaba en oración. Pero no habría mi boca, porque esta persona tenía un temperamento volátil y ya había amenazado con estrellar mi cabeza contra la pared de nuestra habitación.

En aquella otra ocasión, él había explotado en ira y se desató una discusión acerca de la posibilidad de que él, me estaba siendo infiel. Por supuesto lo negaba. Pero años después pude comprobar que no solamente en esa ocasión me había sido infiel.

También, unos días antes de la agresión que menciona la carta, él había expresado que prefería que los niños y yo no existiéramos, pues él quería ser feliz sin el compromiso de una familia. Fue entonces, que comencé a entender que podía estar anidando pensamientos de lastimarme o eliminarme. La verdad, también tuve temor por los niños. Ahora que he podido reflexionar sobre la situación desde el otro lado del abismo, puedo entender que él era capaz de cualquier cosa.

Como no se podía conversar con él, porque era bastante grosero y hablaba fuerte, gritando sobre mi voz, y yo nunca lograba expresar mis pensamientos u opiniones, decidí anular mi expresión de palabras, lo más posible.

En aquella noche de invierno, no me atrevía a proferir palabra alguna, tenía pánico. Yo tenía miedo a la reacción de él, porque si me atrevía a desafiarlo.

Él acostumbraba a amedrentarme por medio de la intimidación de palabras. Su rostro se transformaba con gestos de ira, poniendo su cara inapropiadamente cerca, frente a la mía. Me faltaba al respeto delante de otras personas, negaba o anulaba mis quejas, se victimizaba ante la familia y amistades, y me culpaba de lo que él hacía (proyectaba en mí, sus errores). También levantaba una fuerte campaña de difamación en mi contra, cuando lo consideraba necesario para justificarse ante los demás, especialmente ante sus padres. Ellos, y muchos de sus familiares, en ese tiempo lo apoyaban y le creían todo, mientras dudaban de mi integridad. Eso era increíblemente doloroso para mí.

Recientemente, algunas personas cercanas a mí que tienen doctorado en psicología, y han escuchado lo que viví, me han dicho que esa persona que me abusó presenta rasgos específicos del trastorno narcisista de la personalidad. También aprendí que eso es algo que Dios no lo puede corregir, a menos que la persona, reconozca y se arrepienta. Pero eso es muy difícil que suceda, pues no se trata de una enfermedad mental, sino que se trata de la dureza del corazón. Es la arrogancia y adoración al dios "yo".

Decidí mencionar lo del narcicismo, solamente por lo que me han dicho al respecto. En realidad, apenas he comenzado a aprender sobre ese tema, pero las personas profesionales, nos abren los ojos, para que entendamos estas cosas.

En aquel momento yo no podía dimensionar el nivel de abuso al que estaba siendo sometida. Solo sé que estaba super confundida, y no quería fallarle a Dios, dejando que mi hogar se destruyera. Por lo tanto, luché y resistí hasta lo indecible, para que prevaleciera unida la familia. Esto es lo que les sucede a muchas mujeres que son víctimas de abuso doméstico.

ATROPELLADA POR UN CAMIÓN

El 911 del cielo y de la tierra

Finalmente, tuve que pedir ayuda a la policía. Ellos, llegaron como ángeles enviados por Dios a rescatarme junto a mis hijos, en las primeras horas de aquella fría madrugada y bajo una tormenta de nieve. Él ya no estaba; pues salió apresuradamente por la puerta de atrás.

Luego supe que, aunque el cable de línea telefónica había sido cortado con aquel cuchillo, el servicio de emergencias logró rastrear la dirección residencial, de donde había salido mi llamada.

Agradezco a los pastores que me orientaron correctamente a la luz de la Palabra de Dios. Uno de ellos, me aconsejó:

_ Si ves que tú, o los niños están en peligro, llama a la policía.

Se lo agradezco, porque él fue el único valiente que se atrevió a darme el consejo correcto, y oportuno para ese momento. Es lo que se le debe aconsejar a toda mujer que corre peligro de ese tipo. Nunca voy a revelar el nombre del pastor, obviamente, por razones de su seguridad. Él hizo lo que todo ministro del evangelio que ama a las almas y que aprecia a la mujer, debería hacer.

Quiero aclarar, no me refiero a mujeres problemáticas que arman discusiones y luego provocan altercados, o hasta ellas mismas se lastiman y llaman a la policía.

Texto bíblico: (_No te apresures en tu espíritu a enojarte; porque el enojo reposa en el seno de los necios. - Eclesiastés 7:9-Biblia-Reina Valera 1960)

No estoy hablando de eso. Me refiero a las mujeres que verdaderamente son víctimas de maltratos, que necesitan pedir ayuda y para eso están las autoridades. Hay un momento de orar, pero también, hay un momento de llamar a las autoridades terrenales.

En mi caso, aquella persona, amenazó con ir al cuarto de los niños para despertarlos y traerlos a la sala, para que me vieran desnuda. Yo pude ver que mis hijos, eran su próximo enfoque para atacarme, y de inmediato, marqué el 911.

Ya había marcado el 911 del cielo, ahora tocaba poner los pies sobre la tierra y avisar a los humanos, que yo estaba siendo atropellada por el camión del abuso doméstico y temía por mi vida. La verdad, esperé demasiado para comunicar que vivía siendo abusada, y eso, ¡sí que es muy peligroso!

CONTINUACIÓN DE LA CARTA (Parte 3)

"¿Quién encendió las luces niña bonita? Sí. Yo sé. Fue él. Él lo hizo. Dijiste que recuerdas la hora. El reloj marcaba las 11 de la noche.

Y tú con tu frágil estructura doblegada, casi encorvada, intentabas esconderte para no ser vista así de esa manera, princesa, hija de Rey. Porque sentías vergüenza.

EL TRATO DEL SILENCIO

¿Qué dice la frialdad?

Quise pensar que se había apagado el amor, pero realmente, después de ver pasar los años, haber madurado, y ganado un poco de experiencia en la vida, creo entender que no se apagó el amor. Pienso que, así como él lo había dicho, nunca tuvo amor para mí.

Quizá, a algunas personas les sucede que tienen una experiencia bonita en el amor, pero después de un tiempo nada queda. El amor y el fuego se apagan, para luego pasar a otra etapa; pero la persona que ama de verdad no puede entender que se haya acabado el amor.

¿Debería apagarse el amor? De ninguna manera, porque la Palabra de Dios nos enseña que **el amor nunca deja de ser**.

Texto Bíblico: (_1ra Corintios 13:8-Bíblia-Reina Valera 1960)

El amor verdadero es Cristo-céntrico, el cual es incondicional. Cuando un matrimonio es saludable, el amor crece y la unidad se solidifica, viniendo a hacer que los cónyuges se vuelvan uno en todo. Desafortunadamente, a algunos nos ha tocado vivir la tragedia de saber que nuestra pareja dejó de amarnos, y el dolor emocional que experimentamos es casi intolerable. Pero si a esa situación, se le agrega el punzante dolor de las faltas de respeto de nuestra pareja, nos tocará llenarnos de valentía y decir: "¡Hasta aquí llegó el abuso!" Repite conmigo y grítalo con todo tu corazón:

_ ¡YO ME AMO! ¡YO ME RESPETO! ¡SOY VALIOSA! ¡MI PADRE ES DIOS Y ÉL ES EL REY DE TODO EL UNIVERSO! ¡SOY PRINCESA, HIJA DE REY! ¡NO MENDIGARÉ

NINGÚN AMOR, FUERA DE SU AMOR! ¡ESTOY REVESTIDA DE RESPETO Y DE AMOR!

Recuerdo que sufrí muchísimo hacia el final de esa relación, por el motivo de que mi amado terrenal, ya casi no quería cruzar palabras conmigo. Me sometía a largos días de silencio. Solamente comunicaba lo que era indispensable. Era como si quisiera ahorrarse las palabras. Muchas veces balbuceaba lo que quería y se alejaba. Se iba de madrugada (supuestamente al trabajo), y regresaba a la casa muy tarde por las noches. Cuando se enfadaba por algo (lo cual sucedía por casi todo), me dirigía miradas fulminantes. Sentía que vivía con un juez severo y sin misericordia.

Yo solo quería ser amada. Quería transmitir todo el amor que sentía por él, en mi corazón. No entendía como él no podía percibir mi amor. Mi alma vibraba y se derretía de amor por él. Mi corazón corría como caballo desbocado cada día, cada noche para llegar a abrazarlo y escuchar su voz. Dios sabe que yo lo amaba profundamente, y buscaba relacionarme con él, para contarle mis sueños, mis anhelos y mis más escondidos secretos. Buscaba a mi amigo y compañero de vida; pero no estaba. Él no quería saber de mí, me abofeteaba con la frivolidad de su silencio.

DIVORCIO EMOCIONAL

Una de las actitudes que toma la persona que se está desligando sentimentalmente de ti, es ser fría, sin ternura, sin amabilidad y sin cercanía. En ese momento, aquel frío que se estaba viviendo a causa del invierno, entraba por aquellas ventanas y enfriaba todo mi cuerpo. Ese frío se compara con el que se experimenta en el corazón, cuando uno observa que su pareja toma una actitud de indiferencia. Comienza a darte el trato del silencio, de respuestas cortantes, evita tener cercanía contigo y tiempo de calidad. Esa frialdad causa profundo dolor en la persona que está siendo víctima de ese maltrato.

CONTINUACIÓN DE LA CARTA (Parte 4)

"El ambiente era pesado, grotesco, siniestro... Se respiraba perversidad. Te quedaste paralizada. No salías huyendo, pues tenías vergüenza; estabas desnuda. No corrías a tu habitación, pues era mayor el peligro para ti. A la misma vez, solo pensabas en tus hijitos, que dormían inocentes, en el fondo de aquel pasillo.

Sus palabras eran hirientes como lanzas; como dardos envenenados traspasaban tu angustiado corazoncito. Como ardientes brazas eran sus fuertes manos de varón. Te quemaban. Esas manos que en algún momento íntimo te habían compartido ternura, ahora eran portadoras de la más dolorosa tortura que te toco vivir; y sujetaban un cuchillo que te decía: "Puede ser, que haya llegado el día de tu muerte. ¡Tuviste miedo! Hubo una breve pausa ... (Solamente fue usado para cortar la línea de servicio telefónico, para que no pudieras llamar a la policía).

El sonido de cada pálpito de tu corazón retumbaba en tus oídos, y escuchabas tu respiración; inhalando y exhalando con aceleramiento hasta que fue interrumpida con brusquedad por un forzado y entrecortado suspiro, casi al punto de asfixia... ¡Qué susto!

EL MIEDO A ESTAR SOLO

La soledad y la paz

Percibía la soledad como algo doloroso. A Decir verdad, si dejamos que la soledad nos inunde de emociones negativas podremos caer en la depresión. De todas las maravillosas lecciones que me dio mi amado Maestro, hay una de su preciado tesoro que te quiero compartir.

Te presento "la soledad". Es la oportunidad de estar con Dios a solas y conocerlo sin interrupciones, sin que nadie te esté hablando, ni molestando. Estarás a solas con Él, y luego, allí tienes la oportunidad de estar contigo misma, para ver tu interior y conocerte más. La soledad puede ser un tiempo de calidad muy especial, si es que sabemos canalizarlo saludablemente, sin restarle importancia a la necesidad de socializar.

Tener interacción entre nosotros los humanos, especialmente los hijos de Dios en el cuerpo de Cristo, o sea la iglesia, es revitalizante. El poder llenar nuestro tanque emocional, al igual que el espiritual, Es sanador y terapéutico. Pero, cuando llegamos a casa, nos encontramos con una realidad que puede llegar a entristecernos, la falta de una pareja sentimental. Dios mismo lo dice en Su Palabra:

Texto bíblico: (_No es bueno que el hombre esté solo...-Génesis 2:18-Bíblia-Reina Valera 1960)

Mas, cuando logramos encontrarnos a nosotros mismos y al Señor en la soledad, comenzamos a ser felices en la soltería. Eso nos capacita para tener una nueva pareja, pues no buscaremos pareja para que nos haga feliz; sino porque ya somos felices. Podremos vivir una vida plena y feliz, al lado de alguien que también sea feliz. El poder dar felicidad a otro, y no estar esperando que nos hagan felices a nosotros, es muy poderoso cuando hay reciprocidad.

Cuando dos personas así se encuentran, podrán trabajar juntas y en acuerdo, para hacer que su relación triunfe.

Es mejor solos que mal acompañados. Una relación tóxica te agota, te acaba la vida, te consume las energías, te envenena y te llena de amargura. Es preferible estar solo y disfrutar de la paz. ¿Sabes que aprendí? Que tener paz, siempre será mejor que tener una compañía, con la que se vive en contiendas.

A través de la soledad, Dios me hizo conocer otro tesoro, la paz interna. Pronto me vi luchando ávidamente, por conservar estas dos maravillosas joyas, la soledad y **la paz que sobrepasa todo entendimiento.**

Texto bíblico: (_Y la paz de Dios, que sobrepasa todo entendimiento, guardará vuestros corazones y vuestros pensamientos en Cristo Jesús. - Filipenses 4:7-Bíblia-Reina Valera 1960)

Me pude dar cuenta de que **nunca estaba sola**, porque el Señor siempre estaba conmigo. De la misma manera que está contigo. Él lo prometió en su Palabra.

Texto bíblico: (_y he aquí yo estoy con vosotros todos los días, hasta el fin del mundo. Amén." (Mateo 28:20-Bíblia-Reina Valera 1960).

Texto bíblico: (_Y Jehová va delante de ti; él estará contigo, no te dejará, ni te desamparará; no temas ni te intimides. - Deuteronomio 31:8- Bíblia-Reina Valera 1960)

PERCEPCIÓN DE LA SOLEDAD

Mi percepción fue cambiando porque comencé a sentir literalmente como el amor de Dios, llenaba el inmenso vacío que dejaba, aquella pérdida sentimental en mi vida. Yo decidí amar a mi pareja, con el amor ágape (término griego en la biblia para referirse al amor incondicional de Dios). Aunque aprendí a amarlo con amor espiritual, mi apego hacia él era demasiado fuerte. Que se entienda que la conexión emocional, es saludable en el matrimonio. Pero la dependencia emocional, no lo es. El apego, se puede confundir con amor; pero en realidad, es la necesidad de llenar vacíos emocionales en nuestra alma, saturada de dolores y traumas sin resolver.

Pero cuando todo se perdió, llegó el Señor a mi vida, irrumpió mi soledad con el bullicio de su gozo, de su amor extremadamente expresivo. ¡Su amor es una fiesta celestial! Para mí, ya no había silencio. Porque estaba Él, sonando con su dulce voz en mi interior, las alabanzas todo el tiempo, hablándome por Su Palabra, dándome consejos, aliento, usando muchas veces mis propios labios, para darle consejos a otros. En momentos de mi soledad cuando quiso visitarme la tristeza y la depresión, yo comenzaba a preguntarme, por qué me estaba sintiendo así. Necesitaba que alguien me animara y estimulara a la fe.

Entonces, percibía la voz de mi Padre Dios diciendo:

_ ¿Por qué no comienzas tú, a darle ánimo a alguien?

Yo, Tomaba el teléfono y llamaba a alguna hermana de la iglesia y comenzaba a darle palabras de aliento. Y para mi sorpresa, cuando terminaba de hablar, algo grandioso ocurría. Era que aquellas palabras que yo acababa de compartir habían caído en el terreno de mi propio corazón, produciendo fruto. Se había llenado mi tanque vacío, con la fe y la esperanza para seguir adelante. Porque nosotros tenemos nuestros propios tanques emocionales que llenar, y esa parte emocional de mi vida se llenaba con los caudales de Dios. Sus ríos irrigaban mi árido desierto, cuando yo voluntariamente comenzaba a dar consuelo, fe y esperanza a otras mujeres. Entonces esa Palabra viva, caía como agüita fresca en mi desierto y llenaba mi tanque con Su manantial. De esa manera me fui dando cuenta que la soledad no tenía por qué tener dominio sobre mí.

Yo era dueña de mi vida. Usaba la soledad, como un escenario para presentarme como hija del Rey, ante su gran trono para brindarle mi mejor alabanza, mi mejor danza y mi más sincera oración. Muchas lágrimas nacían desde mi corazón y palabras que muchas veces eran mudas, porque no eran articuladas en un idioma convencional; sino que se trataba de emociones profundamente sinceras, las cuales trascendían la esfera de lo natural y provocaban gloriosos intercambios Divinos.

La clave para lograr eso, es no temer a rendirnos abriendo el corazón, hasta el punto de la máxima vulnerabilidad ante Dios. Depositar la dependencia en Él, como un bebé recién nacido, hacer caer los muros del orgullo. Es una entrega sin poner condiciones, sin reservarnos nada, cediendo el control completo, a Dios; sin presentar resistencia.

Yo rendía una emoción negativa y Dios me daba en su lugar, otra emoción positiva. Podía entrar a su palacio con libertad y confianza pues yo, ¡sí soy su hija! Aunque satanás quiso arrastrarme como si fuera un pedazo de lienzo viejo, sucio y desechable, mi Dios no se lo permitió. Yo fui engendrada de Dios, nací de Él y vivo para Él. ¡Por eso y mucho más, es que yo valoro la soledad, y no le tengo miedo!

RESPIRABA POR MI ÍDOLO

[Las dos esferas]

Pienso que los hijos de Dios hacemos un ídolo, cuando no hemos entendido la grandeza del Dios a quien servimos. Es un problema de no conocer la identidad de nuestro Dios y por ende no conocer nuestra propia identidad como hijos de Él. Por lo tanto, comenzamos a tratar de llenar el trono vacío de nuestro propio corazón, que originalmente le pertenecía a Dios, con cualquier tipo de placer, satisfacción o admiración a las cosas creadas.

La idolatría va más allá de adorar figuras hechas por manos de hombre. Muchos de nuestros ídolos se esconden en el corazón.

¿En qué consiste la idolatría? El apego a los ídolos tiene que ver con adoración. Y adoración es un amor exagerado y extremo. Ese es el amor que debemos manifestar para Dios. Cuando esa adoración es dirigida hacia cualquier otro objeto o persona que no sea Dios, haciendo que Él no sea el objetivo principal de nuestra adoración, eso se transforma en idolatría. Al hacer ese enganche y ese enredo emocional, se forman lazos íntimos y extremadamente fuertes, los cuales, al tratar de romperlos, causan un dolor desgarrador en el alma. Es por eso por lo que, al romper una relación de pareja, donde se han formado lazos de dependencia y apego emocional, la vida se nos vuelve un caos.

Bíblicamente, eso es idolatría. No podemos hacer que un ser humano, sea nuestro dios. Solamente el Dios Eterno, puede darnos fidelidad y amor que nunca falla. Él jamás nos dañará, y nuestra dependencia en Él, nos hará amar de una manera saludable.

Existen dos esferas, la eterna y la creación. Dios el Creador, está en la esfera eterna, y Él es el único en ese lugar. **No hay otro Dios.** Pues Él nos revela en su palabra.

Texto bíblico: (_No hay Dios sino yo. No hay Fuerte; no conozco ninguno. - Isaías 44:8-Bíblia-Reina Valera 1960)

Luego viene la segunda esfera, que es la de la creación. Ahí estamos todos nosotros los humanos y el resto de la maravillosa creación de Dios. La vegetación, los animales, los elementos, todos los astros que conforman el universo y las galaxias. Todo eso, es una diminuta parte, casi insignificante de la creación de las manos del Dios Eterno y Todopoderoso. Todo lo más grande, opulento y glamoroso que puedas admirar de la esfera de la creación, es nada en comparación al **Gran Yo Soy**.

Texto bíblico: (_Y respondió Dios a Moisés: YO SOY EL QUE SOY. Y dijo: Así dirás a los hijos de Israel: YO SOY me envió a vosotros. - Éxodo 3:14- Biblia-Reina Valera 1960)

Tú lo llenas todo
Michael Bunster

CUANDO IDEALIZAMOS

Quiero compartir como se formó mi conflicto con aquella idolatría sentimental. Esa relación era adictiva para mí. Al principio de ella, recibí mucha atención y palabras de cariño. Yo buscaba amor y estima fuera de Dios, y me fui apegando tanto a aquella persona, que no quería ver cuando las cosas fueron cambiando para mal. Formé un lazo de dependencia emocional enfermizo. Lo idealizaba para así cubrir su muy clara falta de amor por mí. Idealizar nos afecta porque no existe nadie perfecto.

Muchas veces, aun observando claras señales de que aquella persona tiene problemas internos, decidimos deliberadamente ignorar esos banderines rojos. De esa manera, terminamos cayendo en la cautividad de lo que yo llamo, monstruos compartidos. Me refiero a los problemas mentales, emocionales y espirituales de esa persona, agregados a los nuestros, que ya andamos a cuestas.

Conocí tres distintas mujeres, quienes eran mis amigas. Pude observar que las tres, aunque eran de distintas generaciones, tenían un mismo problema. Pero yo no lograba captar de que se trataba. Para colmo, cada una de las tres, tenía su respectivo abusador. Las voy a llamar, Yesenia de 25 años, Paty de 40, y Elenita de 60. ¡Todas eran mujeres bellas! Tenían un porte elegante, de personalidad muy agradable y brillantemente inteligentes. Todas ellas fueron mis amigas, pero nunca se conocieron entre sí.

En el caso de Yesenia, acosaba a su marido, pues sospechaba que él era infiel, (y muchas veces lo pudo comprobar). Ella no tenía vida. Pasaba monitoreando a aquel hombre de tal forma que, casi no dormía buscándolo en los clubs nudistas. Por más que yo le trataba de convencer de que no se estuviera rebajando así, ella hacía caso omiso.

Luego, Paty, casi a diario recibía golpes de su hombre; cancelaba compromisos y hasta perdió su excelente posición de empleo en una compañía americana, que la contrató por su gran capacidad profesional, a pesar de que todavía estaba tomando sus primeros cursos de inglés y no lo dominaba muy bien. Todo por culpa de las prohibiciones de él, y los moretones que le dejaba en su piel.

Y finalmente, Elenita, la mayor de las tres. A ella se le había escapado la vida suplicándole a aquel hombre, para que le diera un lugar de honra ante la sociedad. Para ella, era importante llegar al matrimonio. Pero él; prefería vivir en su propio departamento solo, para poder tener encuentros con otras. Fingía que estaba disgustado con ella, y así se ausentaba para tener sus pequeños deslices.

¿Qué sería lo que pasaba con mis amigas? Con el tiempo, descubrí que mis tres amigas, habían mal entendido el amor. Ellas pensaban que era justificable lo que sus abusadores hacían, pues según ellas, los hombres tienen sus debilidades, y por eso, no se puede esperar que guíen sus vidas por valores y principios. Ellas pensaban que eran amadas, y no podían conectar la falta de respeto con el abuso. Pensaban que eran correspondidas sentimentalmente, aunque sus parejas, hacían lo contrario al amor.

Eventualmente, pude saber que cada una de ellas, tuvo que escapar por su vida y salir de ese abuso. Pero antes, tuvieron que enfrentar su realidad con valentía y dejar de idealizar a su ídolo. Cada una fue reconociendo que ese hombre no las amaba, y que su falta de respeto era abuso.

Al hablar de esto, recuerdo a una amiga que es súper cómica, que en una ocasión me dijo:

_Yasmin, muchas veces, las mujeres andamos tan bajas en el amor propio, que nos visualizamos en la escala más baja de lo que se considera desechable. Navegamos por la vida, con el tanque del valor propio en cero. En los escalones imaginarios de nuestra pobre mentalidad, tenemos el peldaño de la baja estima, luego más abajo, están las cucarachas, y al final en el fondo, ¡nos vemos a nosotras mismas!

Cuando ella dijo eso, ambas explotamos a reír a carcajadas. Fue dicho con ironía y jocosidad. Pero al detenerme y ver con seriedad lo que nos toca vivir a las mujeres, me duele que pasemos por tanto sufrimiento, y que no sepamos, cómo respetarnos a nosotras mismas. Es por eso por lo que, no podemos establecer un claro mensaje para los hombres de nuestras vidas, de que nosotras esperamos ser tratadas con respeto y dignidad.

El orden del amor saludable comienza por entender el amor de Dios hacia nosotros. Desde esa perspectiva, podremos amar y recibir amor de otros, sin caer en exageraciones.

Idealizar es engañarnos a nosotros mismos, ante las malas costumbres y actitudes tóxicas de la persona de quien decidimos enamorarnos.

Y hablando de esto, quisiera mencionar la atracción física, la cual muchas veces confundimos con el amor. De pronto, nos puede acontecer que nos veamos idealizando a una persona porque nos atrae mucho y hay química (o sea que sentimos fuegos artificiales y loca pasión por esa persona), pero en realidad, no hay valores y principios para poder tener una relación fundamentada en el amor maduro.

Para poder tener una relación de pareja exitosa, se necesitan algunas bases. En el matrimonio debe haber respeto, buena comunicación y límites morales en común. El verdadero amor, es intencional. No es un hechizo que te sucede de pronto y te vuelca la cabeza, para después, en unos dos o tres añitos desvanecerse en la nada, como un cuento de hadas.

La atracción, puede llevarnos a idealizar, en vez de observar las cosas con objetividad. La razón debe ser la que nos dirija, por supuesto con el fundamento de la Palabra, más nuestra comunión con Dios. Eso nos va a ayudar a tener inteligencia emocional, para hacer elección de pareja, ¡con los ojos bien abiertos!

Recuerdo a una amiga, que me contaba un consejo que le dio su papá. Él le decía:

_Cuando usted sea novia de un muchacho y le comienza a ver los defectos, acuérdese que en el noviazgo la gente no muestra todo, sino que presenta su mejor versión. Si esa persona que se supone que debería estar mostrándole lo mejor de sí, ya está dando señales claras de terribles actitudes, piense que cuando esté casada con él, esas cosas que le muestra en el noviazgo van a ser diez veces peores. Considere si usted va a poder vivir con esas cosas el resto de su vida."

Cuando un hombre dice muchas cosas bonitas por su boca, pero actúa al revés de lo que habla, sin lugar a duda, ese hombre está mintiendo. Recuerden chicas, que cuando un hombre o una mujer mienten en la relación, es falta de respeto. Las cosas han comenzado mal, la falta de respeto es abuso. No piensen que alguien que los ama, les estará faltando al respeto continuamente, y a la vez amándolos. El amor se manifiesta en respeto; y el respeto es amor.

No te respeta = no te ama

La dependencia emocional, causa que las personas insistan en seguir en relaciones tóxicas. Cuando sientes que no puedes seguir viviendo sin ese alguien, es porque estás atada a la dependencia emocional. Esto me hace recordar, muchas mujeres que dicen: "Él me ama, solamente es que a veces, puede ser impulsivo y me abofetea", o "yo siento que él me ama y me respeta mucho, solamente me es infiel".

La violencia física y la infidelidad son graves faltas de respeto, por ende, es abuso. Recuerda, el respeto es amor. Aprende a depender emocional, sentimental y aun físicamente de Dios.

CONTINUACIÓN DE LA CARTA (Parte 5)

_Solo sé que en tu cuerpo quedaron marcas. El arte de la violencia plasmando aquellos incidentales diseños que te tatuaban la piel, por aquellos dedos, por aquellas manos, por aquellos brazos, que debieron ser tiernos contigo. ¡Mujer! ¡Solo pudiste clamar a tu Dios! ¡Dentro de ti clamabas! Aunque no abrías tu boca, para que absolutamente nada fuera a detonar una devastadora explosión, por la dinamita de esa ira que ya estaba mostrándote su diabólica cara. Fuiste sabia. ¡Sí, lo lograste! Te libraste de tu opresor.

Pronto, las marcas en tu delicada y femenina piel se desvanecieron. Pero nunca nadie supo, nadie se dio cuenta de que habían quedado marcadas profundas cicatrices en lo más tierno de tu alma.

FREDY A MORALES - YASMIN BALI

LOS TATUAJES DEL ABUSO

Historia de joven abusada

Dos años después de aquel día malo que viví, mi líder espiritual de aquel momento; me pidió que llevara a una joven nueva de nuestra congregación, a una cita muy importante en la corte. Nos tocó viajar a Connecticut. Es un estado localizado aproximadamente a dos horas de Massachusetts, en Estados Unidos de Norte América; el país donde he vivido la mayor parte de mi vida.

Durante el camino, la chica abrió su corazón a mí; y me contó su triste historia, y motivo por el cual, debía presentarse en la corte ese día. La vamos a llamar, María, (no es su verdadero nombre). Visiblemente deprimida y muy afectada de salud, María comenzó a contarme su historia.

Ella, había llegado al estado de Massachusetts, con la ayuda de un programa que se dedicaba hacer activismo para ayudar a las mujeres víctimas de abuso doméstico. Había sido situada en un refugio. Estaba siendo protegida por las autoridades, para que su agresor y la familia de él, no supieran donde estaba. María tenía dos hijitas de aproximadamente cinco y tres años. Las niñas no estaban con ella porque habían sido removidas de su lado por las autoridades. No me dijo específicamente por qué, las menores, estaban bajo la custodia del gobierno. Pero, sí pude entender que su condición mental había ido en declive. Después de los golpes, que su abusador le propinó en la cabeza, ella estuvo hospitalizada por causa de aquella violencia. Era difícil cuidar de sus hijitas en tan complicada situación. Su historia era como sacada de una película de horror.

Ella había estado en una relación con aquel individuo, padre de sus hijas, desde muy jovencita. Era casi una niña cuando comenzó su romance con él. Durante aproximadamente seis años, tiempo que duró su relación, aquel hombre la había sometido a abusos psicológicos y físicos constantes.

Al momento de ella compartir su historia conmigo, el trauma ya le estaba pasando factura. Mientras hablaba con su voz entrecortada, las lágrimas rodaban por sus mejillas. El abusador, les gritaba constantemente, a ella y a las niñas.

Contaba que en varias ocasiones la golpeó hasta dejarla inconsciente. Él ya había amenazado con asesinarla. El día que ella fue hospitalizada, la había agredido, hasta el punto de derribarla, para luego patear su cuerpo usando las fuertes botas que él utilizaba para trabajar.

Estando ella ahí, tirada en el piso, aquel hombre, le propinó puntapiés con aquellos duros zapatos en el área de su cabeza y rostro. María padecía fuerte depresión y vivía atormentada por los múltiples recuerdos de violencia y también por el miedo que sentía al pensar que su agresor la pudiera localizar al salir de la cárcel. Su ansiedad se había incrementado por tener que estar lidiando con las autoridades para poder recuperar a sus hijas.

Ella me decía:

_Si hoy, estoy dispuesta a presentarme en este lugar, es porque de esto depende que el departamento de niños y familias, por fin, me devuelva a mis hijas. Cada día, es una agonía para mí, sin ellas. Tengo las secuelas del fuerte abuso que sufrí, y ahora, a eso se le agrega el dolor de no poder tener a mis hijas a mi lado.

María, estaba fuera de peligro por un tiempo, pero, le atormentaba la idea de que cuando él saliera de la cárcel, pudiera buscarla y cumplir aquella promesa que le había hecho en el último día que lo vio. Ese día fue llevada al hospital; herida gravemente, con su rostro hinchado, llena de moretones, con costillas quebradas y su mentón roto.

Al regresar de la cita en la corte, decidí poner una alabanza suave de meditación, y comencé a orar internamente, en mi corazón. Le pedí a Dios que pasara su bálsamo sanador, en aquellas heridas tan profundas, sangrantes e invisibles que doblegaban a María, y la hacían caminar como encorvada en la vida.

En el trayecto del viaje, ella se quedó dormida. Durante las siguientes dos horas conduciendo de regreso a casa, yo comencé a llorar silenciosamente. Me consternaba la frustración, la impotencia; porque no podía ayudar a reparar tantos fragmentos rotos, en la vida de aquella joven y en la mía propia. Conforme iba internalizando la experiencia de María, y entrelazando nuestras historias, formulé un pensamiento, que pienso, vino de parte de Dios. Vi algo parecido a una pantalla gigante. En ella había unas letras mayúsculas y grandes. Se leía la palabra: "RESPETO". No fue algo que yo consideraría una experiencia mística o fuera del plano natural. Para mí, estaba claro que era un mensaje espiritual. Dios intervino en mis pensamientos e hizo notar ante mis ojos del alma, esa palabra. No se fue. Permaneció allí. No impedía mi visión del camino, pero ardía como una llama en mi corazón, frente al cielo y la carretera: "RESPETO".

Llegué a mi hogar, después de llevar a la joven a su destino, y comencé a llorar desconsoladamente, y a clamar a Dios. Al punto de los gritos, yo decía:

_ ¡SEÑOR! ¡RESPETO! ¿Por qué las mujeres muchísimas veces somos tratadas con tanta falta de respeto, si Tú, nos formaste y nos sacaste de tu corazón, para ser amadas?"

Pienso en mi propio dolor, y el de muchas, que además de sufrir maltrato; también hemos padecido la incomprensión de nuestro círculo social más íntimo, por familiares y en la misma iglesia. Por todas nosotras, en este día escribo este libro: "Respeto es Amor".

Oro-Crystal Lewis

COMO UNA VIUDA

En aquella etapa de mi vida, tenía un profundo sentimiento de viudez. Como ya dije, mi pareja había tomado la decisión de comenzar a alejarse de mí. Aunque moraba bajo el mismo techo y físicamente tenía cercanía conmigo y los niños; Pero, espiritual, emocional y mentalmente había comenzado a desaparecer de nuestras vidas. Comencé a sentir que nos dividía un inmenso abismo, y que ambos estábamos posicionados en diferentes direcciones. La vida de Dios me llevaba aceleradamente hacia su propósito eterno. Yo estaba a mil años luz de aquel ser humano, que había decidido, dar la espalda a Dios y al hogar.

Me agobiaba el dolor y el enojo, porque se estaba perdiendo mi familia. Mi sueño era tener un hogar unido como el que nunca había tenido. Llegué a la depresión, al punto de sentir que andaba en profunda oscuridad y frio. Yo salía a las calles de aquella ciudad, en ese verano con días soleados y calurosos, llenos de vida. Recuerdo cómo la brisa movía los árboles verdes, adornados con pajaritos de diferentes colores que alegraban la naturaleza. Aquella belleza, creaba un escenario vivificante, que ofrecía todo lo necesario para estar feliz. Yo tenía tres hermosos niños, servía a Dios en su casa, teníamos lo necesario para vivir, no en riqueza, pero lo básico, (techo, comida y ropa). Aun así, la profunda tristeza por ese sentimiento de viudez causaba que bajo el efecto de los cálidos rayos del sol del medio día, yo sintiera que estaba en la más profunda tiniebla y oscuridad. Era una depresión indescriptible, que nunca experimenté, ni he vuelto a experimentar; sentía frío, literalmente frío que congelaba hasta el alma.

La vida me cambió muchísimo, porque yo era una joven de temperamento tranquilo, pacífico, llevadero, bastante introvertida, aunque con la capacidad de ser extrovertida y alegre por momentos. Pero todo eso de mi personalidad se había encerrado detrás de los muros del trauma y comencé a ser una persona amargada. En vez de ser una muchacha joven llena de vida y con deseos de vivir, deseaba que me llegaran los años de las canas de inmediato. Yo quería ser una anciana, pues según yo, así no iba a tener el problema de los conflictos románticos. Ya no quería pensar en el amor.

Yo pensaba:

_Si soy una anciana, ya esta etapa del amor eros, habrá pasado y todo esto será un recuerdo y nada más.

Yo estaba empezando a sucumbir. El estrago que habían dejado el abuso psicológico, los insultos, las infidelidades, las malas palabras, los nombres denigrantes que recibía, las ofensas delante de hermanos de la iglesia y de líderes espirituales, todo eso se fue acumulando.

Aunque yo pensaba que seguía siendo esa muchacha buena gente y noble, verdaderamente ya me había comenzado a transformar en una mujer agria, que cargaba dentro de ella un volcán lleno de ira, lista para explotar en cualquier momento y lastimar a otros. Justamente eso comenzó a suceder y para mi tristeza, mis hijos, quiénes eran inocentes y no se lo merecían, comenzaron a recibir aguas amargas de esa mujer que estaba gravemente herida y no había tomado la decisión de reconocer ante Dios la urgente necesidad de ser sanada y recibir el bálsamo.

La verdad, nosotros no somos culpables de ser víctimas de abusos y de maltratos, pero, sí somos responsables de procurar ser sanados para no herir y lastimar a aquellos que están a nuestro alrededor, que no se merecen pasar por tanto dolor. Ciertamente, cuando abusamos a otros, aún con la excusa de nosotros mismos haber sido víctimas; eso no nos exime de nuestra responsabilidad. Venimos a ser abusadores como los que nos abusaron a nosotros. Siento dolor por haber fallado de esa forma y no haber recapacitado a tiempo.

La única manera de solucionar el trauma es, sanar nuestro propio ser interior para no dañar a nadie más. Comencemos por pedir perdón y hacer el cambio. Si no pudiéramos relacionarnos sanamente, entonces busquemos apoyo en los profesionales de la salud mental y espiritual.

UNA MONTAÑA RUSA DE TERROR

Tus decisiones afectan a otros

La vida se vuelve una montaña rusa. Al estar emocionalmente lastimados y también ser ignorantes sobre la necesidad de sanidad interna, en el hogar se experimentan altos y bajos. Es un tren que transporta a toda la familia y que la somete a veloces cambios. Los cuales, son ocasionados por el enojo, la ira, la decepción, el fracaso, la frustración y la falta de esperanza, entre muchas otras cosas. Todo esto traerá un sistema de vida para nada saludable. Marcará las mentes, con recuerdos nada agradables y el malestar provocará enfermedad en cada miembro del hogar.

Yo ya no puedo volver atrás para remediar. Solamente la misericordia de Dios puede sanar a mi familia. Pero tú que me lees, quizá puedas tomar mejores decisiones que yo, y prevenir muchos dolores.

Recuerdo haber quedado saturada y llena de tanta basura. Cabe mencionar que nadie es el basurero de nadie; pero muchas veces nos exponemos voluntariamente a qué otros lancen sus desechos sobre nuestras vidas. Todo lo que encierra el abuso es falta de respeto y lo que quiero conseguir a través de este libro es, recordar que todos somos merecedores de ser respetados y tratados con dignidad.

La manipulación, el dominio de tu voluntad, limitar tu crecimiento, encerrarte en un rincón, alejarte de la vida social, quitarte oportunidades, arrancar tu futuro brillante en la vida y en tu relación con Dios, todo eso es abuso y falta de respeto. Recuerda, el respeto es amor.

No debemos arrastrar a nuestros hijos al sufrimiento. Cuando decidimos seguir en esa relación abusiva, estamos obligando a estas pequeñas personitas a vivir en miseria de cualquier tipo. Cuando decidimos cambiar una relación abusiva por otra igual, simplemente estamos llevando a los niños de una montaña rusa de terror a otra.

Nuestras decisiones tienen un efecto en otros. Debemos frenar ese tren, y correr hacia a Dios para pedir consejo y luego aplicarlo.

En un taller de capellanía cristiana, recibí información de que el departamento de salud de los Estados Unidos había reportado que en las estadísticas del año dos mil cinco, el abuso doméstico iba en incremento rápidamente. Se reportaba que, las mujeres sometidas a abuso doméstico intentaban salirse alrededor de diez veces de esa relación, antes de lograrlo. A algunas mujeres, se les había ido la vida entera intentándolo. Aproximadamente en el octavo intento de salir del abuso, otras lograban romper el ciclo y eran libres. Trágicamente, muchísimas de ellas, no llegaban al octavo intento, pues eran asesinadas antes de lograrlo.

Apreciada amiga, te sugiero que busques ayuda primeramente en Dios, en alguna iglesia o institución de activismo pro-víctimas de abuso, también en la familia y amigos, que estén dispuestos a darte la mano. Pero trata de no ir por allí quemando puentes y cerrando puertas de posibles ayudas, por permitirle al abusador que te enrede y desconecte de tus recursos de apoyo. Tómate un tiempo para cuidar de ti, sanar tu corazón y tu mente. Separa tiempo para ti, cuida de que los pequeñitos sean felices cada día. Busca a tiempo ayuda profesional para ti y tus hijos y ya no los sometas a ese remolino de desequilibrio y desajuste emocional. Necesitamos ayuda espiritual y clínica por igual. ¡Empieza ya!

CONTINUACIÓN DE LA CARTA (Parte 6)

Me dijeron que has dicho: "No sé cómo ayudarme a mí misma." ¿Sabes qué? Te escondiste en medio de las altas paredes de esa habitación fuertemente amurallada, a la que llamaste: "Lugar De Alta Seguridad Y Vigilancia". Ese es el lugar, donde se meten los amedrentados, los fugitivos, los desterrados, los atropellados, los avergonzados. Caíste en esa trampa. ¡Oh! ¡Mi Dios! Oro a Dios por ti, mi niña bonita. Oro, para que encuentres esa parte de ti, que se deslizó, se desvaneció. Has rogado llamándote a ti misma por tu nombre y apellido, para que reaparezcas, para que seas rescatada. ¡Sí, rescatada! Desde ese día, adoptaste para ti un disfraz, por tu vergüenza. Te sentías desnuda. Necesitabas cubrirte. Te pusiste una máscara para evitar el confrontamiento. La verdad, era muy doloroso.

En tu núcleo social más cercano, te enseñaron rápidamente, el mecanismo de la hipocresía. Ellos manejan los dolores internos, las enfermedades del alma, con ciertos formalismos y matices de espiritualidad. Te dicen que adoptes una "actitud". Son especialistas en vivir en el estatus de la "negación". La gran mayoría de *ellos, andan disfrazados. Te dijeron que la "fe", era su estandarte, y que tú, no necesitabas hablar de tus dolores; porque eso no era "fe". Decían que ellos si eran de "fe". ¡Pero detrás de sus máscaras, no había, ni hay Verdad*! Tratan de sobrevivir, pero no conocen la vida en abundancia. A ti, te asignaron el disfraz de "la invencible y fuertemente armada guerrera". Te elogiaban, te celebraban, te sugestionaban y te mandaban a callar tus traumas. Según ellos, lo que viviste esa noche, era demasiado controversial y vergonzoso; por lo tanto, debías callarlo. Así viven ellos, sin sanidad interna y diciendo que son "victoriosos". Pero respecto a ti, en tu interior, esa sencilla y joven mujer de temperamento pacífico y amoroso, lloraba su dolor.*

***Verdad con mayúscula (La Palabra de Dios)**

HAY QUE RECONOCER EL PROBLEMA

Perdona de todo corazón y no vuelvas al abuso

Toda víctima de abuso necesita reconocer que ha sufrido abuso. La negación nos impide ser sanados. Podríamos hablar con un psicólogo, un consejero, un terapista especializado en abusos y pérdidas, o un líder espiritual capacitado para lidiar con traumas. Comienza por tener paciencia contigo misma. El perdón es clave para sanar. Esto significa dejar libre de la deuda a la persona que nos falló, pero no implica volver a esa relación.

Algo que, en lo personal, me parece preocupante, es que algunas mujeres abusadas que he podido escuchar, no reconocen que es grave lo que les pasa. De hecho, minimizan su situación, diciendo que el abuso emocional y físico, es algo que les pasa a todas, y piensan que eso es muy normal. Hablan con ironía de sus experiencias abusivas, diciendo también, que hay que ser valientes y no estar "lloriqueando", por las pruebas. Algunas mujeres que ejercen ministerios y liderazgos en la iglesia tienen tanta presión, porque les toca dar el ejemplo de resiliencia y perseverancia a otras personas. Esto las obliga a adoptar, mecanismos de protección propia, que no son bíblicos, para tratar de sobrellevar lo que ni ellas mismas entienden.

Luego, predican airados mensajes, exigiendo a otras mujeres, que aprendan de ellas; de su "fortaleza espiritual". Pero en realidad, andan con el alma despedazada. No han entendido que, el matrimonio, es de dos. Si uno de los dos, no está trabajando en pro de esa relación, y de la familia, esa relación ya se rompió. Si a esa situación, se le agregan los maltratos, hay que correr a los brazos de Dios, y comenzar a salir del abuso.

He escuchado a algunas, incluyéndome a mí misma, decir que Dios nos puso amor por esa persona, y que eso sucedió aun cuando ya no le amábamos. Luego, pensamos que, por eso, ahora toca "aguantar el abuso".

Seguramente Dios te hizo amar en el amor espiritual, eso no significa que debes seguir en el amor romántico. El amor espiritual o Cristo céntrico, nos hará amar con amor incondicional a todos, no confundamos las cosas. No salgamos culpando a Dios de que Él nos sometió a una relación así. Lo que en verdad puede estar pasando, es que hemos mal interpretado las cosas. Podremos creer que por causa del amor espiritual o por nuestra dependencia emocional (apego); Dios está obligado a restaurar nuestra relación romántica con esa persona abusiva. Eso no es así. El amor espiritual, romántico y la dependencia emocional, son todas, cosas muy diferentes. Dios, quien lo conoce todo, pudiera estar previendo que esa persona nunca cambiará. ¡Déjate ayudar! Permite que tu Padre Dios, te proteja.

Una reconciliación es motivo de testimonio y mucha alegría. Pero recordemos que hay casos de abuso en los cuales no se puede considerar una reconciliación con el agresor, ya que puede haber peligro para ti, o alguien más, al exponerse nuevamente. En esos casos, bastará con perdonar y dejar ir.

En mi caso, fui muy mal entendida por personas que ocupaban un liderazgo espiritual en mi vida. Para mí, era muy importante tomar en cuenta, sus opiniones y consejos. Lastimosamente, en algunos casos, eso me puso vulnerable a manipulaciones religiosas.

Por mi experiencia, te recomendaría que no busques consejos en cualquier persona. Esos temas se deberían ventilar con profesionales y personas que respeten tu confidencialidad. No todo el que tiene un título religioso, o que dice ser tu amigo, está capacitado para ayudarte. También existen psicólogos cristianos y cristianos psicólogos. Hay una gran diferencia, porque esto implica que hay personas que pondrán su conocimiento secular, en sujeción a la Palabra de Dios. El que es cristiano, antes que profesional, te ayudará con la Palabra de Dios como fundamento y guía principal. Su ayuda clínica, será apropiada para una persona cristiana.

En mi caso de abuso, la interpretación equivocada de lo que dice la biblia, era usada para darle más importancia a **no divorciarse**; antes que, tratar de poner a salvo a una familia, víctima de un abusador.

Texto bíblico: (_Y si una mujer tiene marido que no sea creyente, y él consiente en vivir con ella, no lo abandone. – 1ra Corintios 7:13 – Biblia-Reina Valera 1960)

Está muy claro que cuando el apóstol aconseja que, **cuando el marido que no es creyente consiente en vivir con su esposa cristiana, de ninguna manera sería bajo los parámetros del abuso doméstico.** Todo ministro del Nuevo Pacto, y conocedor de la gracia, comprenderá que Dios tiene hijas amadas y que jamás aprobará que sean ultrajadas por nadie. Más adelante en ese mismo capítulo, el apóstol menciona sobre, el marido que no consiente en vivir con su esposa creyente.

Texto bíblico: (_Pero si el incrédulo se separa, sepárese; pues no está el hermano o la hermana sujeto a servidumbre en semejante caso, sino que a paz nos llamó Dios. – 1ra Corintios 7:15-Bíblia-Reina Valera-1960)

Dos cosas, **"sujeto a servidumbre"** y **"paz"**. Obviamente, ser maltratados y no tener paz, es contrario a lo que el apóstol entiende como una convivencia consentida o en acuerdo. A mí, como a muchas otras mujeres, nos han querido aplicar esa escritura, para que no nos divorciemos de alguien que nos humilla y maltrata. Algún religioso ha dicho, si el hombre no se separa, la mujer tiene que seguir con él, pues él consiente en seguir con ella. Consentir en vivir con la pareja, implica, en paz y sin humillar al cónyuge. Aunque no se vaya, su abuso, es una clara comunicación de que no consiente en convivir bajo los principios del respeto y el amor. Eso se tiene que interpretar, tal y como es. Por otro lado, existen personas que dicen que no son incrédulos, pero abusan de su pareja. Igual, se tiene que entender que, una persona que claramente se comporta tan mal o peor que un incrédulo en el hogar, no se debe considerar cristiano. El cristiano verdadero, tendrá fruto y jamás se aprovechará de la biblia, para hacer mal uso de ella y justificar su abuso. **La aspereza es abuso.** La Biblia, habla muy claro de eso.

Texto bíblico: (**18Casadas, estad sujetas a vuestros maridos, como conviene en el Señor. 19 Maridos, amad a vuestras mujeres, y no seáis ásperos** con ellas. – Colosenses 3:18-Biblia-Reina Valera 1960)

Recuerdo haber sido invitada a una estación de radio, para hablar de mi historia de abuso. Cuando fui escuchada contando los detalles de mi experiencia, una pastora "amiga", me dijo que ella estaba escandalizada porque ese tema tan controversial, se filtró en público. También agregó que le estaba pidiendo a Dios, que me callara.

Podrás entender que yo estaba rodeada de personas religiosas, con corazones endurecidos. Ella y algunos más, estaban preocupados de cuidar la confidencialidad de mi abusador. Por cierto, esas personas, jamás se hicieron presentes para ver si mis hijos y yo, necesitábamos algo. Por eso puedes ver que, en esa carta, yo levantaba mi protesta.

A mí, me tocó perdonar y dejar ir. Ante la posibilidad de que él pudiera ir a la cárcel, tomé la decisión de levantar todos los cargos en su contra. Le dejé ir. La verdad nunca fue mi intención hacerle daño. Por el maltrato extremo al que fui sometida esa noche, y el peligro para mis hijos, me vi obligada a pedir ayuda. Pienso que es el derecho de toda mujer o persona que se encuentra bajo circunstancias de peligro.

No fue hasta unos cuatro o cinco años después que logré perdonar de todo corazón. También tuve que concederme el perdón a mí misma, por haber permitido anidar amargura por tanto tiempo en mi corazón a causa de aquel evento traumático.

Tú no eres culpable de haber elegido a la persona equivocada, pues solo buscabas amor y no hay nada malo con eso. No podías saber a ciencia cierta, que te deparaba el futuro en esa relación. Oro por ti, para que después de todo lo que has vivido y de haber leído las promesas de la poderosa Palabra de Dios, puedas sanar para elegir tus relaciones, con un poco más de inteligencia emocional.

Buscar y querer la sanidad

Reconozco que tenemos que poner de nuestra parte, y no siempre logré estar disponible en el momento en que el Médico por excelencia estaba listo con el bisturí. Rehusaba que se tocaran esas heridas, neciamente como les sucede a muchas personas. Me abrazaba al sufrimiento y a mis dolores, quizá por costumbre. Sucede que cuando tenemos algo que está adherido a nosotros por mucho tiempo, tenemos la tendencia a sujetar fuertemente ese algo. Tendemos a sentirnos tan unidos a nuestros tejidos, que creemos que el Señor no va a tener la suficiente capacidad o delicadeza para arrancar ese tumor que ha crecido en nuestro interior. Dios es tu Sanador, cada vez que pones tu confianza en Él, tu vida será restaurada a un estado superior al original.

VOLVIENDO UN POCO AL PASADO

Pienso que mi mayor miedo de perder a mi pareja; estaba relacionado con eventos de mis años de infancia. Cuando tenía cinco años, mi padre trabajaba la mayor parte del tiempo fuera del país y yo, no estaba creciendo con él. Mis padres se habían divorciado cuando yo tenía dos años.

Un día el me visitó a aquel lugar donde yo moraba. Era una casa humilde donde recibía cariño y protección, pero como sucede con la mayoría de las niñas, soñaba con tener en mi vida a mi papá. En esa ocasión que mi padre llegó, para mí, fue todo un gran evento.

Recuerdo a mis hermanas y hermanos diciéndome:

_ ¡Yasmín, nuestro padre viene a verte!

Era emocionante aquel anuncio. Me motivaban a sentirme feliz. También recuerdo que mis hermanos, sentían mucho orgullo por ser hijos de él. Era un señor de una familia con mucha influencia en el país, además con una posición económica de considerar. Para mí era impactante que un gran señor como el que ellos mencionaban, fuera mi papá. Eso me llenaba el corazón, porque me sentía hija de alguien especial.

Por fin llegó al frente de la casa. Fui llevada de la mano por una de mis hermanas. Cuando lo vi, pensé que era fuerte, capaz de defenderme y de protegerme. Imaginé que nadie podía acercarse a hacerme daño al lado de él, porque representaba tanta seguridad y fuerza de carácter; pero a la misma vez, se volvía tierno y dulce. Sus ojos brillaban cuando me veía. ¡Yo supe que me amaba!

Pero de la misma forma que muchos padres se divorcian, también incluyen en el divorcio a los hijos. Yo había sido destinada a ser divorciada de mi padre.

Él se dirigió a mí, con palabras de cariño, me tomó en sus brazos, acarició mi rostro y mi pelo. Me entregó un paquete con ropa y juguetes. Además, puso en mis manos, setenta y cinco dólares americanos.

¡Entré a la casa muy feliz con mis regalos y con la intención de volver a salir para verlo una vez más y estar un rato más con él, antes de que se fuera!

Pero, al entrar a la casa, me dijeron que devolviera las cosas y que le dijera:

_ ¡Yo no quiero que me regale cosas! ¡Usted no es mi padre y yo no soy su hija!"

En aquel momento, como todo niño de cinco años, comencé a hacer un berrinche llorando y reclamando. Yo sentía que el motivo por el cual yo iba a devolver aquellas cosas y las palabras que estaba obligada a decir, eran algo muy injusto. En realidad, yo no entendía el motivo. Me dolía el corazón profundamente.

En ese momento una de mis hermanas intervino y pidió que solo se me pidiera devolver el dinero, pero que permitiera quedarme con la ropa y los juguetes, pues, aunque mi padre los había pagado, mis hermanos los habían escogido para mí.

Con cada fibra de mi ser, en lo más profundo de mi corazón, estaba renuente a hacer lo que me habían dicho. Comencé a caminar de regreso al vehículo de mi padre; y con el dolor más profundo de mi alma tuve que decirle que no lo amaba, que él no era mi padre, que yo no era su hija y que no quería que me regalara nada; que tomara su dinero y que no volviera jamás a buscarme.

Mi papá nunca discutió conmigo, solo callaba. Siempre quise pensar que él sabía que me habían enviado a hacer estas cosas. Lo que más me dolía, era que yo había sido utilizada como un puñal para clavarlo en su corazón.

El abuso no siempre es de golpes, también es manipulación, intimidación y amenazas. A veces somos el instrumento que carga el odio de una persona hacia otra. Eso es lo que les sucede a muchos de los hijos de padres divorciados. Son usados para portar veneno del uno hacia el otro. Hasta los ponen a elegir a quien de los dos amar.

Y así de esa misma manera, mi padre me visitó algunas veces más. Él seguía insistiendo y buscándome. Trataba de no perder el lazo, el frágil vínculo que comenzaba a formarse entre él y yo. Pero de igual manera, cada vez que él llegaba, yo recibía las mismas instrucciones. Me temblaban las rodillas y me temblaba el corazón. Me ganaba más el miedo que la emoción de que él llegara, y entonces cada vez me tocaba verlo partir, alejarse de mí. En cada oportunidad, sentía que literalmente perdía a mi padre, y así fue. Lo perdí para siempre. Es que en realidad era muy difícil lograr acceder a mí.

Cuando crecí, pregunté por qué me habían presionado a hacer aquellas cosas. La respuesta fue que, yo no recibía pensión alimenticia de él, y que por eso era justificable haberme obligado a tratarle de aquella manera.

Como niña, fue una carga muy grande para mí. Se me asignó la responsabilidad de llamar a cuentas a un adulto, y por asuntos que un niño nunca debería tener que manejar. Yo tenía que hacerle pagar por no proveer para mí, a la misma vez que tenía que devolverle la provisión que cada vez traía. Era muy confuso para mí.

Luego, siendo una mujer adulta pensaba que mi compañero sentimental era mi fuerza, mi ayuda y mi protección. Al verme en peligro de perderlo, me causaba ansiedad y miedo. ¡No tienes idea de cómo me dolió aprender a dejar ir de mí, a los seres amados! ¡Me dolía como a nadie! Cuando mi pareja me anunciaba que se iba a ir de mi lado, un temblor se apoderaba de mi interior, casi como que me faltaba el oxígeno.

Interesantemente, cuando yo tenía que salir a recibir a mi padre y rechazarlo, cerraba mis fosas nasales. Cortaba mi respiración, como tratando de aliviar mis emociones convulsionadas. ¡Eso mismo sentía, cuando mi amado compañero se iba de mi vida!

Sí. Logré superarlo porque vino a mi rescate, mi Padre Dios. Él se reveló a mí y me mostró su grande amor paternal.
Sanó mis llagas y heridas. Me aplicó Su bálsamo y me tomó en sus brazos. Acarició mi rostro, mi pelo, me llenó de regalos, suplió mis

necesidades y fue mi único amparo. Lo que más me compunge, es que, a pesar de la dureza de mi corazón y mi rechazo hacia Él, ¡Su amor por mí, jamás se rinde! Cada vez que estoy extraviada, me busca; ¡Continúa buscándome! Me llamó hija, me dio ese derecho en mi amado Señor Jesucristo.

Texto bíblico: (_Aunque mi padre y mi madre me dejaran, con todo, Jehová me recogerá. - Salmo 27:10-Biblia-Reina Valera 1960)

Sé que estoy sana, porque mi padre Dios y mi actual esposo, tienen sus propios roles individuales cada uno, en mi vida. Dios es mi padre y mi esposo es mi compañero de vida. Ya no tengo esa dependencia emocional, ni idolatrías sentimentales.

Recuerdo haberme quejado con una persona. Le dije, "¡Cómo me duele no haber tenido mi padre, y cómo me duele que piense que yo decidí renunciar a él! Aquella persona me decía, en cambio, yo, en mi propia experiencia he pensado que quizá hubiese sido mejor la vida sin un padre tan duro como el que me tocó.

Eso me ayudó a entender que, no podía seguir idealizando a mi padre. Él me abandonó. Al crecer, era yo, quien por un tiempo lo buscaba. Él, nunca más tomó iniciativa de buscarme; yo me cansé y ahí quedó todo.

Por lo tanto, podemos entender que la vida es imperfecta, llena de hoyos, de baches, de abismos y que solamente Dios puede restaurar y enderezar nuestros caminos. Él llena nuestros vacíos.

CONTINUACIÓN DE LA CARTA (Parte 7)

_De muchas formas, esquivabas hablar abiertamente de cómo te sentiste en ese día malo. Era doloroso el proceso de confrontación. Pero por fin, ya lograste sincerarte con tu Padre Dios y contigo misma. Tu corazón está siendo sanado, restaurado. ¡Por lo tanto, levántate! ¡Toma tu lecho y Anda! ¡Camina! ¡Corre! Preciosa gacela, ¡Corre! ¡Abre y extiende esas plumas y despliega esas majestuosas alas, preciosa águila! ¡Porque ha llegado tu hora, y esta vez, no te puedes fallar a ti misma! ¡Fuera las máscaras!

¡TOMA TU LECHO Y ANDA!

Nunca es tarde para comenzar a tener un pasado feliz

En una ocasión, yo prediqué bajo el título, "Nunca es tarde para comenzar a tener un pasado feliz." El perdón trae la sanidad. Poder pensar o recordar las cosas sin dolor y sufrimiento, no significa amnesia; sino que podemos recordar sin ser atormentados por el sufrimiento. Pero nunca es tarde para que nuestro pasado comience a convertirse en un pasado feliz, porque lo que estamos haciendo hoy, mañana será parte de nuestro pasado. Por lo tanto, si tomo las riendas de mi vida y comienzo a caminar cambiando mi sistema, mi manera de vivir y siembro semillas buenas hoy, mañana podré decir que he comenzado a tener un pasado feliz.

Debemos estar dispuestos a comenzar una nueva vida, caminar y llegar al otro lado de nuestra jornada. Un día, podremos tornar nuestra mirada hacia atrás, y extenderemos nuestra mano, saludando las pruebas pasadas. Desde muy lejos, diremos:

_ ¡De allá salí yo, de ese hueco que quedó atrás!

Es que se trata de tener esperanza y nunca perderla. Tengamos la esperanza de vencer el abuso en nuestras familias. La Biblia dice que **la esperanza no avergüenza.**

Texto bíblico: (Romanos 5:5-Biblia-Reina Valera 1960).

Las pruebas del presente no son nada comparables con la gloria que en nosotros ha de manifestarse.

Texto bíblico: (_Pues tengo por cierto que las aflicciones del tiempo presente no son comparables con la gloria venidera que en nosotros ha de manifestarse. – Romanos 8:18-Biblia-Reina Valera 1960)

CONTINUACIÓN DE LA CARTA (Parte 8)

_Muy incomprendida fuiste, y el único que siempre te entendió, fue tu Dios. Te pregunto si lo has perdonado, a tu agresor, y me dices que sí. Te lo creo. ¿Pero, y tu propio perdón qué? ¿Alguna vez te perdonaste a ti misma? ¿Humana, pudiste darte un merecido receso y simplemente ser frágil?

Fatigada y sin fuerzas

Lo que más me afectaba en ese tiempo del abuso y luego el abandono, era, que no sabía cómo aliviar el dolor del corazón de mis hijos. Lastimosamente, la información del incidente de abuso y la intervención de la policía, llegó a mis hijos. Ellos no conocían los detalles de lo que había sucedido. Solamente habían visto a los policías, quienes nos escoltaron con su patrulla detrás de mi pequeño auto, y en medio de aquella tormenta. Nos sacaron del vecindario, para llevarnos a un lugar más seguro. Pienso que, sin mala intención, una persona involucrada en mi situación comentó en casa y sus hijos oyeron. Ellos se lo comentaron a mis hijos. Esto causó mucho dolor en sus corazones. No podían entender, porque eran muy pequeños.

Yo estaba sola, y no tenía ni un solo familiar cerca de mí. Estaba aislada. Es parte de lo que hace una persona manipuladora, te abusa y te aleja de tu gente, quienes pudieran ayudarte a salir del ciclo del abuso. Solamente recibí apoyo y comprensión de unas pocas personas que formaban parte de mi reducido círculo social.

Trataba de superar buscando a Dios, con todas mis fuerzas; pero la verdad es que mis fuerzas no eran muchas. En ese tiempo, tenía profunda depresión, preocupación y ansiedad por no saber que me traía el futuro. El trauma comenzaba como la polilla, a carcomer mi estructura interna. Estaba derribada.

Tengo que reconocer, que solamente los brazos de Dios pudieron mantenerme en pie. Mis hijos y yo, éramos sustentados por Su misericordia. Ahora estaba más sola que antes, pues él ya se había ido, tres niños dependían de mí, y yo con la desventaja de la ignorancia y muy pocos recursos financieros. Yo no tenía a quién acudir. Si este es tu caso, internaliza el siguiente tesoro: **Alzaré mis ojos a los montes; ¿De dónde vendrá mi socorro? Mi socorro viene de Jehová, Que hizo los cielos y la tierra.**

Texto bíblico: (Salmo 121:1-2-Biblia-Reina Valera 1960)

CONTINUACIÓN DE LA CARTA (Parte 9)

_ *¿A dónde están tus ropas íntegras y hermosas? ¡Búscalas! ¡Apresúrate! ¡Ya mucho tiempo has perdido! Busca tus joyas, perlas, rubís, diamantes, esmeraldas, topacios, oro y plata. Te verás hermosa. ¡Como las estrellas brillarás! No temas, pues no serás avergonzada, y no te avergüences, que no serás afrentada. Porque te olvidarás de la vergüenza de tu juventud, y de la afrenta de tu viudez, no tendrás más memoria. ¡Nunca más! Porque estás sana. ¡Estás lista para amar y ser amada, otra vez!*

UNA CAJITA DE REGALO SELLADA

¡Sorpréndeme señor!

Debido a que yo tenía una mentalidad un poco cerrada, con tendencia a desobedecer, me había sido difícil no solo consultar a Dios por su voluntad, sino también obedecer. ¿Cómo encontramos su voluntad? Está escrita en la Palabra. Él da consejos, especialmente en la Biblia.

Por la dureza de mi propio corazón, yo había entendido erróneamente, que la voluntad de Dios era una cantidad de decretos, órdenes y prohibiciones. Pensaba que Él era severo y capaz de castigarme duramente. Ese concepto me causaba miedo, ya que mi alma, por naturaleza se rebelaba a ser moldeable y humilde. Cuando tenemos en nuestras vidas el pecado de la obstinación, se nos impide ser sensibles a la voz de Dios. Aunque el Señor nos esté hablando, nuestros oídos están cerrados, nuestra sensibilidad espiritual está adormecida.

Pero como Dios es Padre, y es buen Padre, trata con nosotros conforme a nuestra necesidad. Él tiene grandes planes para nuestra vida y promesas hermosas conforme a Su voluntad. Ahora entiendo, después de haber crecido en Él, y madurado, que **Su voluntad es buena, agradable y perfecta.**

Texto bíblico: (_No os conforméis a este siglo, sino transformaos por medio de la renovación de vuestro entendimiento, para que comprobéis cuál sea la buena voluntad de Dios, agradable y perfecta. - Romanos 12:2- Biblia- Reina Valera 1960)

Comencé a imaginar que la voluntad de Dios estaba frente a mí, en una pequeña cajita sellada. ¿Y cuál era el regalo de Dios para mi vida? Esa cajita lo contenía, y yo había hecho un voto de confianza en Dios. Él, mi Amo y mi Dueño, tenía el derecho absoluto para decidir mi destino. **Perdí mis derechos y me convertí en "Su**

esclava por amor". Me tocaba creer sin ver. Creer en Él, y creerle a Él.

Texto bíblico: (_Entonces Jesús dijo a sus discípulos: Si alguno quiere venir en pos de mí, niéguese a sí mismo, y tome su cruz, y sígame. - Mateo 16:24-Biblia-Reina Valera 1960)

Texto bíblico: (_De cierto, de cierto os digo, que, si el grano de trigo no cae en la tierra y muere, queda solo; pero si muere, lleva mucho fruto. – Juan 12:24-Biblia-Reina Valera 1960)

Texto bíblico: (_Mas antes, oh hombre, ¿quién eres tú, para que alterques con Dios? ¿Dirá el vaso de barro al que lo formó: Por qué me has hecho así?-Romanos 9:20-Biblia-Reina Valera 1960)

Hacer mi voluntad, menospreciando la soberanía de Dios, me había dejado en ruinas. Porque así fue como levanté mis propios ídolos, los que me iban destruyendo, y entre ellos mi ídolo del área sentimental. Te estarás preguntando si Dios, ya me ha mostrado algo de lo que había en esa cajita. Ya han pasado veinte años, y justo hace unos ocho años, el Señor, comenzó a sorprenderme. Me ha ido concediendo regalos que, son de acuerdo con las peticiones de Su corazón. Él me ha enseñado a pedir de acuerdo con Su voluntad. Ya no son mis peticiones, sino las de Él. Me enamoré de lo que Él sueña para mí. Y Sus sueños, se vuelven mis sueños; con la ayuda de Su Santo Espíritu.

Pensé que sabía cuál era su voluntad para mi vida, pero, no tenía ni idea. Solo recuerdo las palabras de un pastor, que bendijo mi vida de una manera muy especial de parte de Dios; ese día me dijo:

_Hermana Yasmin, aunque usted no pueda ver lo que el Señor ha de traer para su vida, será sorprendente, más allá de lo que usted jamás haya podido imaginar o pedir.

Pensé haber percibido en mis tiempos de oración, que el Señor hablaba a mi corazón y me decía:

_Yo te voy a dar otra oportunidad para el amor.

Sí. Tengo que reconocer que el Señor me ha regalado una nueva oportunidad para el amor y un matrimonio modelo. No existe un matrimonio perfecto; pero Dios puede tomar un hombre y una mujer imperfectos, y ayudarlos a tener una relación hermosa. Esto sucede, cuando le damos a Dios el primer lugar en todo lo que hacemos.

Mi esposo y yo, nos amamos, nos pedimos perdón y nos perdonamos, oramos el uno por el otro, tenemos tiempo de calidad para comunicarnos y no permitimos que nadie hable mal del otro en nuestra presencia. Compartimos todo (incluyendo las claves de los celulares y cuentas bancarias). Disfrutamos comer en restaurantes de lujo, y también disfrutamos, un helado o una empanada* en un pequeño parque del vecindario. Nos brindamos palabras de afirmación (elogios y ánimo), tiempo de calidad, servicio, contacto físico y regalos. Tenemos valores muy similares, nos extendemos misericordia y tolerancia. Hacemos que nuestros momentos de enojo duren muy poco. Buscamos de Dios juntos y vamos a talleres cristianos y profesionales juntos. Somos amigos, novios, esposos, amantes y hermanos en Cristo. Doy toda la gloria a Dios, y bendigo Su misericordia.

Puedo decir que mi ministerio tomó el rumbo que necesitaba. Recibo la oportunidad para desarrollar los dones y talentos, sin ser estorbada. Por el contrario, soy estimulada a la fe, para hacer cosas para Dios. Mi esposo es un defensor de la igualdad ministerial de la mujer, ¡y me apoya al cien!

El día de nuestra boda, estábamos muy felices. Recuerdo las palabras de mi esposo. Me llamó a eso de las cinco de la mañana para decirme:

_ ¡Este es nuestro gran día, disfrútalo! ¡Qué nada te quite la alegría! Si las cosas, no salen como lo planeamos, no importa. Lo que se logre hacer, se hará, y lo que se quede sin hacer, ¡se quedó así, y ya! ¡Lo importante, es que vamos a honrar a Dios con nuestra obediencia y vamos a recibir su bendición! Lo demás, no es tan relevante.

Entonces, decidí que ese día, ¡yo iba a estar feliz y punto!

FREDY MORALES Y YASMIN MORALES- BALI

Cabe mencionar que mis tres hijos han sido protegidos siempre por el Señor. Aún en las altas y bajas de la vida, Dios se ha mantenido fiel guardándolos y protegiendo sus vidas. ¡Y la lista continúa, porque es larga!

Necesito hacer mención del hecho de estar viviendo la experiencia de escribir este primer libro. Lo cuál ha sido sanador y terapéutico. En esa cajita, mi Padre Dios tenía escrito que yo compartiría de todas sus bondades, a través de la comunicación escrita. ¡Por fe, yo creo que la sanidad llegará a muchos corazones!

Texto bíblico: (_Sanad enfermos, limpiad leprosos, resucitad muertos, echad fuera demonios; de gracia recibisteis, dad de gracia. -Mateo 10:8-Biblia-Reina Valera 1960)

Por medio de mi actual esposo, quien es un pastor cristiano, hombre de Dios, he podido ser motivada a participar de su ministerio radial y en diferentes plataformas del internet. Junto a él, predicamos la Palabra de Dios. Tratamos de dar aliento, edificar, consolar, exhortar y animar a nuestros amados hermanos en Cristo, alrededor del mundo.

Mi familia se ha hecho más hermosa, porque además de mis tres hijos y mis dos bellos nietos, ahora tengo muchos más hijos y muchos más nietos, por medio de los hijos de mi esposo. Ellos, han venido a ser una multiplicación mayor, de lo poquito que en algún momento hubo en mi vida. Ahora me sobran las casas, los hijos, los nietos para visitar y los motivos para celebrar y felicitar. Ellos también han venido a ser parte de mi sorpresa en esa cajita.

Dios en su misericordia me ha dado otra oportunidad para cultivar una relación de amor con mi anciana madre, a quien amo profundamente y que por mucho tiempo había estado lejos de mí. Yo no había podido disfrutar de su linda persona para tratar de entregarle, todo lo bueno de Dios que pueda haber en mí.

Ya no experimento los fuertes episodios de depresión que sufría por años y que me paralizaban. Yo sé que esto no ha terminado, y todavía queda mucho más por desempacar, pero no me toca a mí. Dios irá sacando con Su propia mano cada sorpresa y la traerá a mi vida; porque Él es el Soberano, el Eterno, y esos regalos le pertenecen a Él, al igual que mi vida. Estoy muy agradecida por lo que Él me ha dado. No reemplazaría a mi Dios, por ninguno de esos regalos. Porque Él ha sido el todo en mi vida. Como dice Su palabra:

Texto bíblico: (_Pero luego que todas las cosas le estén sujetas, entonces también el Hijo mismo se sujetará al que le sujetó a él todas las cosas, para que Dios sea todo en todos. -1ra Corintios 15:28-Biblia-Reina Valera 1960)

Esa fue toda mi intención, cuando ávidamente lo buscaba, mientras mis hijos crecían. Él, mejor que nadie sabe que, con todo mi corazón, siempre quise que Él fuera el todo de mi vida y la de mis hijos.

CONTINUACIÓN DE LA CARTA (Parte 10)

_Sabes que me alegro de que ahora por fin te estás entendiendo a ti misma. ¡Tuviste que llegar al punto del cansancio para reconocer que no eres la "Súper Mujer"! ¡Y ahora te estoy entendiendo yo! ¡Ahora sí, te voy a poder ayudar y no te voy a abandonar!

¡Regocíjate! ¡Danza! ¡Busca ese vestido real! ¡Busca tu cuerno de carnero y sácale el sonido de victoria! Busca tu pandero y ponte tu diadema que dice: "Santidad a **Yahvé***." *¡Tu Padre Dios te dijo que, Él sanaría a tus hijos y que multiplicaría la paz de ellos! ¡Sea la Paz! ¡Despierta Deborah! Deborah espiritual. ¡Mujer Líder!"*

***Yahvé** (Nombre de Dios en hebreo. Pronunciación usada en español: **Jehová**.)

AL SANAR, TU IDENTIDAD FLORECERÁ

La obediencia a Dios te llevará de gloria en gloria

Para mi sorpresa, el Señor sacó de esa cajita a una nueva Yasmín. Ya no soy la muchacha de pobre personalidad de hace veinte años, ni tampoco la mujer cargada de trabajos y amargura de hace diez años; ahora soy una mujer que va experimentando sanidad y restauración.

El Señor me ha dado brazos abiertos para rodear con ellos a los hijos e hijas. Puedo ver con claridad a la de hace veinte años y a la de hace diez años. En este punto de mi vida, me siento tan feliz, al saber que por fin las voy comprendiendo a las dos. Mientras tanto, la actual, se renueva cada día, y es transformada como el águila. Recibe nuevo pico, nuevas garras y nuevo plumaje. Se dispone a volar hacia el cielo abierto, sin límites y por encima de las tormentas.

No lo he alcanzado todo. Lo más difícil para mí, ha sido tratar de entender a la Yasmin niña. Pero confío en Dios, que Él me va a ayudar. A veces me inundan los temores, la inseguridad, sentir el desamparo del papá terrenal o el miedo a perder a alguien que amo; pero cuando eso ocurre sé a quién acudir, porque mi Padre Dios, siempre me ha socorrido.

Lo hermoso, es que también tengo un esposo a quién puedo acudir para que ore por mí. En mis momentos de fragilidad, él siempre está como buen sacerdote y hombre de Dios, siendo fiel. Cristo me muestra Su amor, a través de él. Qué bueno es vivir como vivo ahora, libre del temor a ser abusada. ¡El abuso quedó atrás para siempre! El trauma está siendo superado, y es mi oración a Dios que llegue la sanidad completa. Sanidad para mis hijos, nietos, bisnietos, tataranietos y todas mis generaciones.

En esa cajita, Dios tenía a otra yo ¡mejorada! Los planes de Él no son como yo pensaba. Mi expectativa era que Él me llenará de regalos y de éxito automáticamente, sin necesidad de que hubiese proceso de crecimiento para mí.

Ahora mi oración es de la siguiente manera:

_ Señor, hazme la esposa, la madre, la abuela, la ministro, la pariente, la hija, la discípula y la sierva que Tú quieres que yo sea para Ti, y que otros necesitan. Hay un tiempo de festejo, regocijo y plenitud en Dios. Eso llega, cuando vamos alcanzando la madurez, y crecemos en la inteligencia emocional.

Un cristiano, puede ser muy espiritual, pero si no ha podido desarrollar la inteligencia emocional, sufrirá mucho en la vida. Estoy aprendiendo a poner en práctica, la inteligencia emocional, y todavía soy un proyecto en proceso.

Más de alguna persona podría llegar a pensar, que Dios no le protege del sufrimiento, o que el enemigo le ataca por causa de su espiritualidad o por su ministerio; pero en realidad, sus sufrimientos vienen por causa de su propia falta de inteligencia emocional. Eso nos hace vulnerables al abuso y a quedarnos en el mismo ciclo vicioso. Pidamos al Señor que nos ayude a desarrollar la inteligencia emocional, para filtrar nuestras emociones. Así, podremos tomar decisiones sabias y dominar la depresión, la baja estima, la negatividad y todo lo que es contrario a la Palabra.

Una de las cosas que aprendí, es que haber estado deprimida por causa del abuso psicológico, no significaba que estuviera mal espiritualmente. El alma es el lugar donde están las emociones. Cuando desarrollamos la inteligencia emocional, podemos ser un poco más efectivos en seleccionar qué sentimientos vamos a albergar en nuestro interior.

Cuando llegue el momento de la tristeza, viviremos ese momento sin culpa. No pensaremos que, por estar afectados emocionalmente por motivo de las pruebas, ya no somos espirituales y aceptos ante la presencia de Dios.

Como decía mi esposo en una predicación:

_No vamos a evitar sentir dolor, pero, nosotros somos los que decidimos quedarnos en el sufrimiento". Pido al Señor, que nos ilumine con sabiduría, para que podamos elegir no vivir en sufrimiento, cuando nos toque pasar por el dolor emocional.

He aprendido a respetarme a mí misma. Tú necesitas hacer lo mismo. Dejar en claro, que esperas ser respetada. En una ocasión, pedí la oración a un pastor muy usado por el Señor. Yo ya estaba criando sola a mis hijos, y aquella persona que me había abusado, me faltaba al respeto cada vez que tenía la oportunidad. Él pastor oró para que yo fuera revestida de autoridad, y que aquella persona y otras de mi pasado, entendieran que tenían que respetarme.

Recuerdo que el Señor, alejó a esas personas de mi entorno por un tiempo. Pero Él, también hizo un milagro en mí. Algo cambió en mi actitud y cuando tuve que interactuar, hablé sin temor. Con respeto y firmeza, recalqué que yo le respetaba, que me respetaba a mí misma, y que no iba a tolerar su falta de respeto nunca más. Desde ese momento, esta persona y otras con quienes me tocó hacer lo mismo, tuvieron que comenzar a respetarme.

Te sugiero que, si tú estás pasando por lo mismo, ores al Señor para que haga contigo de la misma manera. También es necesario respetar a las otras personas, para cerrar toda puerta de falta de respeto en tu vida. No necesitas saber cómo Dios lo va a hacer. ¡Solamente dedícate a obedecer Su Palabra, y serás transformada, de gloria en gloria!

CONTINUACIÓN DE LA CARTA (Parte 11)

_Tu Padre Dios te dijo que te iba a dar otra oportunidad para el amor. ¿Te acuerdas? ¡Nunca lo olvides! Él dijo:

_ Yo te voy a dar un matrimonio modelo.

Levanta tus brazos, y adora de la manera que tú sabes hacerlo. ¡Porque si algo tú has sabido hacer, a pesar de tu duro proceso, y siempre has tratado de hacerlo bien, es adorar a tu REY!

Te amo niña bonita... A la que Jesús ama... A la que Jesús, llamó: MUJER."

Yasmin Bali

PD: _Te amo y ahora, veinte años después, también te respeto. (14 de febrero del 2022).

No Soy Igual
Crystal Lewis

DEL ABUSO A LA SANIDAD

El proceso continúa, y el que comenzó la buena obra, la perfeccionará hasta el fin.

Después de haber pasado ese largo proceso de transformación, yo creía que estaba lista para volver a casarme. Pero sucedió algo insólito, cuando por fin, me volví a casar. Te lo explicaré de una forma alegórica: ¡Apareció la Yasmín abusada! Estaba subida en la rama de un árbol, con su taparrabos y flecha en mano y apuntaba a su nuevo marido. ¡La vengadora, estaba lista con su arco para el ataque! La actitud de mi actual esposo fue muy interesante. ¡Ni siquiera se alarmó! Cuando me vio con esas rabietas, solamente dijo:

_Bueno, ¿y tú de quién te estás defendiendo? ¿y a ti quién te ha hecho daño? ¿es que yo voy a pagar las mazorcas de maíz, que otro se comió? (Se refería a tener que pagar por el abuso de otro).

En ese momento entendí que mi caminata a la sanidad no había terminado, pues yo pensaba que iba a llegar nueva de paquete a esta relación sentimental. Pero no fue así. Necesito decir esto, pues de pronto alguien puede pensar, que Dios siempre opera la sanidad instantáneamente. Pero Él, nos forma el carácter por medio de procesos.

Parte de mi sanidad, se ha llevado a cabo en los brazos y en el cariño de mi amado esposo, quien ha sido muy humilde y dispuesto a que Dios le use. Ha orado incansablemente por mí, y me ha enseñado cómo se vive en una relación sin abuso.

Mantente cerquita del corazón de Dios porque Él perfeccionará la obra que, comenzó en ti. El plan de Dios para tu vida no tiene que ser exactamente como el mío. Pero el Señor tiene lo tuyo, lo que es para ti. Desde antes de la fundación del mundo, Él destinó, lo que vas a llevar a cabo, ¡y te hará caminar en Su gloria! ¡Créelo!

El poder de Dios está disponible, para romper la cadena del abuso. No tienes que conformarte a vivir abusada y luego convertirte en una persona que abusa a otros. Comienza a rastrear con tus sentidos, todo signo de posible abuso y ponle un alto a tiempo. Una de las cosas que es necesario establecer y no negociar, es el derecho de ser tratados con respeto. También es nuestro deber, tratar con respeto a los demás. Pues la falta de respeto es abuso, mas, el respeto es amor.

TOMA LA DECISIÓN

Mi apreciada amiga, con mucho respeto, te pido que por favor escuches mi humilde consejo atentamente. Es posible, que tú hayas estado sufriendo por abuso en tu relación sentimental, y por fin decidiste salir de ese hueco infernal. Pero tu área emocional, te está traicionando y vuelves atrás, a la cautividad.

Escucha tu voz interior que no se equivoca. ¡Es tiempo de salir de allí! Ya entendiste que él es un abusador. Aunque lo ames, es necesario que aceptes que esa persona no te ama, no te respeta y no te valora. ¿Hasta cuándo serás su alfombra? ¡Córtale la cabeza a esa relación venenosa, como a una víbora! No lo pienses tanto. No te toques la conciencia. Así como él, no se toca la conciencia para seguir maltratándote y rebajándote con su falta de respeto.

No me refiero a que te enfrasques en una pelea con esa persona, y que seas violenta. ¡De ninguna manera! Lo que intento es, decirte que abandones lo que no tiene futuro para ti. Abandona esa falsa esperanza. No tengas miedo. Declara en voz alta: _ **¡Todo lo puedo en Cristo, que me fortalece!**

Texto bíblico: (Filipenses 4:13-Biblia-Reina Valera 1960)

Tomará tiempo superarlo, pero si empiezas ya, ganarás tiempo precioso, para poder recibir todas las bendiciones que han estado estancadas; porque lo obsoleto, no ha salido de tu vida. ¡podrás así, recibir lo nuevo de Dios! Ese individuo, es un abusador. Aunque tú lo ames, su abuso, demuestra que él no te ama.

Todo comienza, cuando aprendes a hacerte promesas internas. Son esas decisiones que literalmente surgen del fondo de tu corazón. No necesitas ni siquiera comentarlas a nadie. Simplemente, decides algo y comienzas a ejecutarlo, a caminar en ello. ¡Eso sí que es poderoso! Pero ten cuidado, no te hagas promesas para destrucción, sino solamente para bendición.

Quizá pienses, que Dios pudiera hacer una obra de transformación, en esa persona que te somete al abuso. Es bueno que seas una persona de gracia, y que pienses así. Pero lo que no está bien, es que creas que Dios quiere que te quedes sometida a su abuso. El sometimiento al marido como cabeza de la mujer, es basado en cómo el marido, se somete a Cristo. Sometimiento en "todo", lo que se basa en la Palabra. Jamás debes someterte a cosas contrarias a la Verdad. Si estás siendo oprimida y coaccionada por tu pareja, para hacer cosas en contra de tu voluntad, estás siendo abusada. Si observas que, al presentar resistencia a sus abusos, esa persona te trata con más agresividad, estás en peligro. De esa manera, no podrás convivir saludablemente y en el consentimiento que menciona la biblia. Puedes proponer a tu pareja, buscar ayuda profesional para parejas. Pero si tu cónyuge no acepta la ayuda, entonces, te tocará pedir ayuda para ti sola, los más pronto posible. No pierdas tiempo, pensando que ese es tu destino. Por favor, ámate, cuida de ti y sé tú mejor amiga. ¡Ponte a salvo!

Texto bíblico: (_Así que, como la iglesia está sujeta a Cristo, así también las casadas lo estén a sus maridos en todo. Efesios 5:24- Biblia-Reina Valera 1960)

Si él, no es creyente y consiente en seguir con su mujer cristiana, estará bien; siempre y cuando, el hombre no atente contra la integridad física y emocional de esa mujer. Dios trata con amor y ternura a sus hijas, y no estará nunca de acuerdo con el maltrato hacia ellas. De igual manera, no aprobará el maltrato hacia los hombres. Dios es amor, y el amor, todo lo soporta. Pero, soporta todo lo que se relaciona a sufrir por amor a Su Palabra. Nunca se refiere a soportar ser esclavos del maligno y de las personas que se vuelven sus instrumentos para dañar. Dios es todopoderoso, deja que Él haga el milagro. No es necesario que tú estés sufriendo. Deja que esa persona se vaya lejos con su violencia. Que Dios trate con su vida, lo más lejos posible de ti y de tus hijos (si es que los tienes).

Cuando esté realmente transformado, Dios lo traerá, si es su voluntad. Tomará tiempo. Las personas que han tenido un patrón de comportamiento destructivo, es necesario someterlas a prueba. Hay que dar tiempo suficiente, para ver si quien te abusó, tiene "frutos de sincero arrepentimiento". Con esto me refiero a que imites a Dios. No te involucres sentimentalmente, ni tampoco te expongas a vivir bajo el mismo techo con esa persona, sin haber dado suficiente tiempo para comprobar que de verdad cambió.

Quiero hacer fuerte hincapié en lo siguiente: Cuando nuestra pareja, ha abusado sexualmente, o representa un peligro de abuso a menores, debemos cuidar a los niños que puedan estar en nuestro entorno. ¡Tenemos que romper esa relación de inmediato! ¡Esa persona, no puede tener acceso a ellos! Ya no se trata de nosotros. Se trata de que peligra la integridad física y emocional de alguien que no puede defenderse. ¡Los adultos somos responsables de su seguridad! ¡No pueden ser expuestos! ¡Así que, ni en sueños, se puede continuar con esa relación!

Volviendo al caso de abuso entre adultos y una posible reconciliación, es necesario recordar que, cuando una persona habla con sinceridad, sus hechos, también se alinearán con lo que expresan sus palabras. Pero para eso se necesita distanciamiento y tiempo. La espera podría ser larga, pero tu paz y bienestar, es prioridad. Ámate tú primero, para que puedas amar a otro. Ten paciencia y no te desesperes. Confía en el Señor. Sé que es duro y duele mucho. Yo te entiendo. Yo lo quería amarrar a mí, y jamás dejarle ir. Está bien llorar. Hazlo, si lo necesitas.

Princesa de Dios, te estoy abrazando. Oremos juntas:

_Amado Padre Celestial, te estoy pidiendo por mi hermana, mi amiga, quien, en este momento, está atravesando por tan profundo dolor. Amado Dios, nos postramos ante Ti. Por favor, toma la mano de tu preciosa hija, que está orando y derramando su corazón en tu presencia. Por favor te pido que la ayudes a depender de ti, en el fondo del valle de la pérdida; y a levantar un altar para ti, en la cima del monte de la entrega. Te pido que cada mañana y cada noche, pongas una coraza en la mujer interior. Protégela de los dardos de fuego de Satanás, para que su fe no sea tocada. Que la mujer emocional, sentimental y racional, no sea golpeada. Llénala de tu amor y hazla vivir el Cantar de los Cantares en su relación contigo. Que así, como Tú hiciste conmigo, ella pueda también enamorarse profundamente de Ti. ¡Que su corazoncito, que ahora está muy herido y convaleciente, pueda galopar con la fuerza de una manada de caballos de guerra! ¡Que toda su pasión, su romance, su vida, seas Tú y solamente Tú! Te pido que rompas las pesadas cadenas del abuso en su vida y su familia. Trae sanidad a su casa. Hazla una mujer llena de autoridad, revestida de respeto y honorabilidad ante sus opresores. Tú la defiendes y peleas por ella. Gracias Padre amado. Te lo pedimos humildemente, en el Nombre Poderoso de Jesús. ¡Amén!

Querida lectora, medita en esta frase: Si amas a alguien, déjalo libre. Si vuelve, es tuyo. Si no… nunca lo fue.

Cuando ames, no amarres, no ates y deja libre a la persona. Déjale crecer y déjale ser. Si ese amor es genuino y verdadero, tendrás la satisfacción de saber que esa persona está a tu lado, por su propia decisión. Qué bueno es vivir la voluntad de Dios, porque eso es lo que permanece. Si no permanece, no es voluntad de Dios. Y si eso es así, entonces, ¿para qué lo quieres?

Quizá, hemos atravesado por fuertes fracasos, ¡Pero no podemos desperdiciar la oportunidad, de un futuro brillante!

CONSEJO PASTORAL

Por: Pastor, Fredy Morales

¡Hoy tenemos la grata oportunidad de compartir acerca del rol de la mujer! Ella recibió su identidad de parte de Dios. Él la coronó de favor y le dio valor y participación en Su reino al igual que al hombre. Queremos enfatizar, que ella vale por quien ella es, y no por lo que hace. Pero también, ella tiene derecho a hacer todo aquello para lo que Dios la ha diseñado. ¡Está diseñada para brillar como las estrellas!

La mujer desempeña un papel muy importante, para que una familia se mantenga firme, y pueda conseguir sus metas, objetivos y sueños. Desde el inicio de la creación, a la mujer, Dios la llamó, "ayuda idónea". Desafortunadamente, el ser humano se ha desviado de los principios que originalmente, Dios le dio a Adán. La meta era que, éstos fueran heredándose, de generación en generación. Pero en el camino, nos hemos equivocado. Adoptamos la creencia errónea, de que la mujer valía menos que el hombre, y que no tenía la capacidad de hacer algo productivo en la sociedad. ¡Eso no es cierto!

A raíz de esta manera de pensar, el abuso hacia la mujer se ha ido normalizando en muchas culturas. Desde los tiempos remotos después de Adán, empezaron los problemas y la marginación. Sabemos que hay países donde la mujer no tiene ninguna oportunidad, ni siquiera tiene voz y voto. Y peor aún, viven todas sus vidas, (desde que nacen, hasta que mueren), bajo la tutela de un varón, quien es, su guardián legal. Ni siquiera pueden acceder a cuidados de emergencia en un centro médico, sin que su guardián legal, lo autorice.

Sencillamente, se le ha quitado el derecho de crecer y desarrollar el incalculable potencial que Dios le otorgó. En muchas partes del mundo, se cree que las mujeres, solo pueden procrear hijos y criarlos. A ellas, les asignan la tarea de formarlos, según las creencias de la región donde viven. Son casadas en contra de su voluntad, y no tienen derecho a elegir, con quien quieren compartir, el resto de sus vidas.

La palabra idónea significa, la ayuda correcta, adecuada e ideal. Una esposa, hace una unión completa en todas las áreas de la vida. Algunos hombres han llegado a pensar, que las mujeres, no tienen la misma capacidad intelectual que ellos. Sin embargo, la historia ha demostrado que, sí tiene la capacidad. No solo piensa, sino que puede exponer sus excelentes ideas, y más aún, las puede llevar a cabo. Donde se les ha dado la oportunidad, la mayoría de las mujeres, han demostrado que su talento puede llegar al mismo nivel del talento de los hombres, y en muchísimos casos, hasta han podido superarlo.

_y dijo Jehová Dios no es bueno que el hombre esté solo le haré ayuda idónea para él." (**Genesis 2:18- Biblia Reina Valera 1960**)

Este es el principio que Dios dio, para establecer una linda y saludable relación, entre un hombre y una mujer. No para hacerla de menor categoría, o para que no participe con libertad e igualdad socialmente. Ayuda idónea es el complemento que Dios nos dio. Esto significa que cuando el hombre está solo, está incompleto. Adán recibió la ayuda adecuada.

Texto bíblico: (_Entonces Jehová Dios hizo caer sueño profundo sobre Adán, y mientras este dormía, tomó una de sus costillas, y cerró la carne en su lugar. 22 Y de la costilla que Jehová Dios tomó del hombre, hizo una mujer, y la trajo al hombre. - Génesis 2:21-22-Biblia-Reina Valera 1960)

Cuando nosotros los hombres nos sintamos mejores que una mujer, debemos recordar que, en la creación, ella es la versión mejorada. Pues ella no fue tomada del polvo. Fue tomada de la costilla del hombre. Y si fue tomada de la costilla del hombre, como ayuda idónea, debe caminar a la par de él, y nunca atrás. Con igualdad y respeto.

Qué hermoso es saber que una mujer vale tanto como vale un hombre, pues ambos valemos la sangre de Cristo Jesús. Los hombres que consideran que sus esposas valen menos, tienen el corazón endurecido y les falta sabiduría.

Deberían ser retados a considerar todo lo que ellas son capaces de realizar tanto dentro como fuera del hogar. La mujer es capaz de lograr, todo lo que se proponga y más. Muchas mujeres, no logran más, porque son estorbadas, por los mismos hombres que las catalogan de incapaces.

Cuando ellas inician una relación, se comprometen con todo su corazón, con todo su ser. En ellas no hay duda de hacer funcionar la familia. Somos nosotros los hombres, los que muchas veces dudamos.

Texto bíblico: (_Maridos amad a vuestras mujeres, así como Cristo amó a la Iglesia y se entregó a sí mismo por ella. - Efesios 5:25-Biblia-Reina Valera 1960)

El amor de Cristo salva, protege y da vida. Entregó Su vida par amor a la iglesia, y esa es la misma entrega que un hombre de Dios, debe tener por su compañera.

El rol de las mujeres es constantemente menospreciado y visto como insignificante. Pero, resulta que es mucho más amplio que el del hombre. La ayuda idónea, debe ser la alegría de nuestro corazón.

Cada día digamos, que ellas son nuestro regalo de parte de Dios. Empecemos a valorarlas. Hagamos cesar el abuso contra ellas. Comencemos a educar a nuestras generaciones, y enseñemos a todos, especialmente a los hombres desde la más temprana edad, para que las amemos, cuidemos y aboguemos por sus derechos.

Texto bíblico: (_El que halla esposa halla el bien y alcanza la benevolencia de Jehová. Proverbios 18:22-Biblia-Reina Valera 1960)

Nuestro reencuentro cada día, cada amanecer con ella debe ser motivo de fiesta. La mujer brinda amor, alegría, nutre, protege y da vida. Ella tiene muchas cualidades hermosas que provocan grandes emociones.

Entre los hijos, ella es amor, perdón, respeto y también responsabilidad; porque ella, aunque vaya a trabajar a otro lado, nunca deja de ser madre o esposa. Siempre está pendiente de todo lo que sucede a su alrededor, cubriendo a tiempo todas las necesidades del núcleo familiar. En la crianza de los niños, no se le pasa por alto una cita médica o una reunión en la escuela. También vela por el bienestar de su esposo, le da atención, pero claro, después de recibir cariño y amor. Cuando un hombre es agrio, la mujer deja de tener esos detalles hermosos para con él.

Animo a los solteros, no le tengan miedo a casarse, es algo hermoso. Claro, si sabemos cultivar la amistad y el respeto dentro del matrimonio, conviviremos saludablemente. No piensen que la mujer les va a hacer un daño. Por el contrario, les va a ayudar y los va a apoyar para alcanzar los sueños. Ella hará todo lo que sea necesario para que su esposo sea empoderado y logre sus metas. No le huyan al momento de casarse. ¡Corran al altar! Denle honor a esa mujer que probablemente ya les dio hijos. ¡Hay que honrarla! La harán soñar y explotará de alegría.

Hombres, no podemos seguir maltratándolas. Jamás lleguemos al abuso. Ellas ejercen un papel extraordinario y abundante en el hogar. Debemos estar, no solo agradecidos, sino también comprometidos para abrirles camino y oportunidades. Una mujer, en el hombre no solamente busca amor, también busca protección y seguridad. ¡Qué bueno es poder extender nuestros brazos para rodearla, y decirle que estamos para cuidarla!

En estos últimos tiempos, las mujeres reciben muchos ataques, por el hecho de avanzar en la sociedad. Ellas ya han incursionado en la tecnología, la industria, y también en la dirección de diferentes empresas. Hemos oído que hay alcaldesas, gobernadoras, senadoras, etc. Aquí en los Estados Unidos tenemos vicepresidenta, y en Honduras, una mujer es la presidenta.

Cuando una mujer llega a un lugar lo transforma para bien. La mayoría de ellas, tienen una habilidad maravillosa para dirigir toda una familia, si fuera necesario. Ellas son capaces de administrar la ciudad, el estado, o el país, como si fuera su hogar; buscando el bien para todos.

Queridas personas que van a leer este mensaje, yo les invito a que dejemos volar a la mujer. Ella tiene unas hermosas alas que surcarán el viento, llegarán a lugares que todavía, ni siquiera imaginamos. Las mujeres, podrán hacer cosas maravillosas, a favor de la familia, y de la sociedad. ¡Impulsen las mujeres de sus vidas y verán! Hay que facilitarles oportunidades de crecimiento. Porque, así como pensamos que ellas tienen obligaciones, pues también pensemos que tienen derechos. Ellas, al igual que nosotros los hombres, pueden volar tan alto como lo sueñen.

Un último consejo en esta oportunidad. Hombres y mujeres, amémonos, respetémonos y valorémonos. Cada día, digamos a la persona que está a nuestro lado, que le consideramos como a un regalo de Dios.

Texto bíblico: (_ La blanda respuesta quita la ira; Mas la palabra áspera hace subir el furor. - Proverbios 15:1 -Biblia Reina Valera 1960)

Este libro tiene como objetivo principal, parar con el abuso y que todos seamos restaurados y libres. No se trata de promover el machismo, ni el feminismo. Ni lo uno, ni lo otro, es bíblico. No se trata de una competencia. Pero sí, se deben trazar limites saludables a la luz de la Palabra, para tener matrimonios para toda la vida.

Todos fuimos creados para ser amados y respetados por igual. La persona abusada debe salir de ese círculo negativo, y poner en claro que, para ella o para él, respetar es amar. Es hora de salir del abuso a la sanidad.

Declaro bendición sobre sus vidas y sabiduría para salir adelante en todos los ámbitos. Declárense libres de toda opresión y marginación. Las solteras, tengan fe y aviven la esperanza de que no estarán solas para siempre. Estoy orando para que Dios traiga a un buen esposo a sus vidas. Y a las mujeres que tienen pareja, oro para que puedan recibir restauración y sanidad, en su relación sentimental. Que el Dios Altísimo, guarde sus matrimonios y familias. Que el abuso y el divorcio, nunca toque a sus hogares. También oro para que las que están en peligro, sean liberadas de esa relación abusiva y que puedan recibir una nueva oportunidad para el amor. Hombres y mujeres, ¡que el Dios de toda gracia y amor, les regale matrimonios modelo, que perduren para siempre!

Y finalmente les digo a las mujeres, ¡Vean el cielo azul! ¡También es de ustedes! ¡Vuelen tan alto como lo deseen!

PASTOR, FREDY A MORALES

REFLEXIÓN SOBRE EL AMOR

Petición a Dios

Querida lectora o lector, si en tu corazón está el sincero anhelo de entregar a Dios tu vida y encomendarle todos tus caminos, para conocer Su voluntad; hagamos la siguiente petición:

_Dios eterno y todopoderoso, hoy me entrego a ti con todo el corazón. Reconozco que Cristo el Señor, es tu hijo y lo acepto como mi único y suficiente Salvador. No quiero vivir independiente de Ti, nunca más. Desde este día, Jesucristo, es mi único Señor, Amo y Dueño. Renuncio a Satanás y su opresión. ¡Soy libre en el Nombre de Jesús! ¡Decido seguir a Cristo, y con tu ayuda, no volveré más atrás! Te pido que me des un encuentro personal, con tu Santo Espíritu. Por favor guíame a la Verdad. Tu Palabra es Verdad. Confieso que Jesucristo es, el Mesías esperado, Rey de reyes y Señor de señores. Por favor, líbrame del error, y llévame a un lugar en donde se enseñe tu Palabra. Doblo mis rodillas ante ti, y te pido que nunca borres mi nombre, del libro de la Vida. Desde hoy, tengo Padre en los cielos, y mi corazón es tuyo, ¡para siempre! Ayúdame a vivir en obediencia, fe y amor, en el maravilloso Nombre de Jesús. ¡Amén!

EL RESPETO Y EL AMOR EN LA PAREJA
Efesios 5:21-33 Biblia Reina Valera 1960

[21] Someteos unos a otros en el temor de Dios. [22] Las casadas estén sujetas a sus propios maridos, como al Señor; [23] porque el marido es cabeza de la mujer, así como Cristo es cabeza de la iglesia, la cual es su cuerpo, y él es su Salvador. [24] Así que, como la iglesia está sujeta a Cristo, así también las casadas lo estén a sus maridos en todo. [25] Maridos, amad a vuestras mujeres, así como Cristo amó a la iglesia, y se entregó a sí mismo por ella, [26] para santificarla, habiéndola purificado en el lavamiento del agua por la palabra, [27] a fin de presentársela a sí mismo, una iglesia gloriosa, que no tuviese mancha ni arruga ni cosa semejante, sino que fuese santa y sin mancha. [28] Así también los maridos deben amar a sus mujeres como a sus mismos cuerpos. El que ama a su mujer, a sí mismo se ama. [29] Porque nadie aborreció jamás a su propia carne, sino que la sustenta y la cuida, como también Cristo a la iglesia, [30] porque somos miembros de su cuerpo, de su carne y de sus huesos. [31] Por esto

dejará el hombre a su padre y a su madre, y se unirá a su mujer, y los dos serán una sola carne. ³² Grande es este misterio; mas yo digo esto respecto de Cristo y de la iglesia. ³³ Por lo demás, cada uno de vosotros ame también a su mujer como a sí mismo; y la mujer respete a su marido.

Mi Copa Llenarás

Marco Barrientos

En el día 14 de Febrero del 2022, se anunció públicamente, que este libro estaba disponible en la editorial mundial, Amazon. En ese día del amor, la versión electrónica, se logró posicionar en número uno en ventas, en las siguientes categorías: Lecturas cristianas cortas, autoayuda y nuevos lanzamientos.

¡Qué emocionante saber, que el mensaje de sanidad, llegue a muchos! ¡Qué la falta de respeto y el abuso hacia la mujer, sean derribados!

¡QUE TRIUNFE EL RESPETO Y EL AMOR, POR SIEMPRE!

ISBN: 9798426455214

Made in the USA
Middletown, DE
06 November 2023

41943023R00057